어린이를 위한
디지털 교과서

광대한 디지털 세상에서 자랄

콜린, 야엘, 로미, 뤼뱅, 엘라이야에게

_R. G.

앨런 튜링에게

_P. L.

어린이를 위한
디지털 교과서

로맹 갈리소 | 파스칼 르메트르 그림 | 이세진 옮김

라임

 # 차례

6 최초의 컴퓨터는 어떻게 생겼나요?

10 디지털은 누가 맨 처음 만들었을까요?

14 정보 과학자 중에서 누가 제일 유명해요?

20 스마트폰이 없던 시절에는 어떻게 살았을까요?

24 인터넷이 정확히 뭐예요?

28 인터넷으로 다른 사람을 감시할 수도 있어요?

32 컴퓨터 언어는 몇 가지일까요?

36 인공 지능이 사람보다 똑똑한가요?

39 구글은 뭐든 다 대답할 수 있나요?

43 소셜 네트워크에 올린 사진은 안전한가요?

46 인터넷에 가짜 뉴스가 판친다고요?

50 우리는 컴퓨터를 사용한 뒤로 더 똑똑해졌을까요?

54 인터넷에선 모든 게 공짜예요?

58 로봇이 우리 일자리를 다 뺏어 갈까요?

62 사물 인터넷 시대에선 개인 정보가 돈이라고요?

66 네티즌이 만드는 백과사전이 있어요?

68 십 년 후 초등학생의 하루는 어떤 모습일까요?

72 3D 프린터는 어떻게 작동하는 거예요?

76 가상 현실과 증강 현실은 뭐가 달라요?

80 이모티콘은 누가 맨 처음 만들었나요?

84 부모님들은 왜 자꾸 컴퓨터를 끄라고 해요?

88 컴퓨터 게임은 누가 처음 시작했어요?

92 디지털 생활이 지구 환경에 나쁜 거예요?

96 컴퓨터로 초능력을 얻을 수 있나요?

100 디지털 아트의 진짜 작가는 누구인가요?

104 디지털이 우리의 미래를 확 바꿔 놓을까요?

108 알쏭달쏭 디지털 용어 풀이

최초의 컴퓨터는 어떻게 생겼나요?

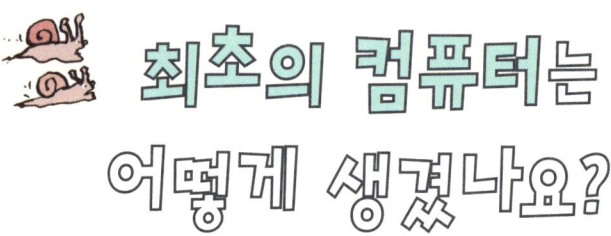

그림으로 그리려니,
너무 어렵네.
그냥 사진으로 보세요!

최초의 컴퓨터는 맨체스터 마크 1?

최초의 컴퓨터는 무엇일까요? 딱 꼬집어 말하기는 어렵지만, 정보 과학자들은 대부분 1949년에 첫선을 보인 맨체스터 마크 1을 최초의 프로그램 내장형 컴퓨터로 꼽아요. 실제로 이 컴퓨터는 요즘 우리가 쓰는 컴퓨터처럼 프로그램을 메모리에 저장했다지요? 그 전까지는 며칠을 꼬박 매달려서 케이블을 연결해야만 프로그래밍을 할 수 있었답니다.

원래는 '베이비'였다고?

맨체스터 마크 1은 영국 맨체스터 빅토리아 대학교에서 개발했는데요. 소규모 실험 머신 '베이비'에서 비롯되었다고 해요. 무게가 무려 1톤이나 나가는 '베이비(아기)'였지만요…….

연구원들이 컴퓨터를 체험해 볼 수 있게 하기 위해 만들었다고 하니

까, 우리가 지금 머릿속에 떠올리는 컴퓨터와는 많이 달라요. 크기도 어마어마하고요. 이 컴퓨터에는 전류가 통하는 유리관이 4,050개나 들어 있었다지요. 그리고 마치 옷감을 짜듯 구멍이 숭숭 뚫린 띠를 일일이 손으로 집어넣어 가면서 지시 사항을 입력했다는군요.

마크 1, 연애편지 좀 써 봐

맨체스터 마크 1은 일 년 반 동안 수학적 문제를 해결하는 데 사용되었는데요. 영국 연구자들은 이 컴퓨터의 다음 버전을 활용하여 연구를 계속하는 한편, 영국 국가를 재생한다든가 연애편지를 쓴다든가 하는 식으로 다소 덜 딱딱한 프로그램도 만들기 시작했다고 해요.

맨체스터 마크 1은 1950년에 분해되었지만, 페란티 마크 1이라는 후

손을 남겼어요. 페란티 마크 1은 다른 곳에서도 두루 쓰인 최초의 컴퓨터예요. 그 당시에는 컴퓨터가 너무 크고 비싸서 가정용으로는 적합하지 않았고, 몇몇 기업에서만 사서 쓸 수 있었답니다. 그러다가 1950년대에 트랜지스터와 전자칩이 발명되면서 훨씬 더 작고 강력한 컴퓨터가 나왔지요. 지금은 뭐, 다들 주머니에 컴퓨터 하나쯤은 가지고 다니잖아요!

고작 기계 따위를 인간의 뇌에 비유한다고?

영국 언론은 맨체스터 마크 1의 개발 과정을 추적하고 취재하면서, 이 컴퓨터에 '전자 뇌'라는 별칭을 붙였습니다. 이때 유명한 신경외과 교수 조프루아 제퍼슨은 고작 기계 따위를, 시를 쓰고 음악도 만드는 인간의 뇌에 비유하는 것은 가당치 않다고 펄쩍 뛰었다지요. 그의 지적은 컴퓨터가 생각하는 능력이나 창의력을 나타낼 수 있는가에 대한 기나긴 논쟁의 출발점이 되었답니다.

디지털은 누가 맨 처음 만들었을까요?

혹시 네가 만들진 않았지?

음, 내가 만들긴 했는데, 워낙 오래전 일이라…….

킹콩이 그린 팔괘

손금을 봐 드릴 수 있습니다만.

됐어요, 난 《역경》도 읽은 사람입니다.

이진법이 오천 년 전에도 쓰였다고?

컴퓨터, 태블릿, 스마트폰은 이진법을 기초로 작동합니다. 사실 이진법 자체는 아주 오래된 것이에요. 오천 년 전에 중국에서 씌어진, 운명을 보여 준다는 책《역경》에도 이 이진법이 쓰였거든요.

숫자 계산은 내게 맡겨, 파스칼식 계산기

블레즈 파스칼은 1645년에 스물두 살의 나이로 최초의 기계식 계산기를 만들었어요. 그는 리슐리외 추기경의 관리인이었던 아버지가 온종일 숫자 계산에 매달려 사는 것을 보고서 아이디어를 떠올리고는, 삼 년 동안의 연구 끝에 '파스칼식 계산기'를 고안했답니다.

파스칼식 계산기는 덧셈, 뺄셈, 곱셈, 나눗셈을 손쉽게 할 수 있도록 해 주어서 시간이 많이 절약되었어요.

카드만 바꾸면 돼!

프로그래밍이 가능한 최초의 기계는 1801년에 등장했습니다. 하지만 그 기계는 컴퓨터가 아니라 옷감 짜는 기계, 즉 방직기였지요.

조제프 마리 자카르는 비단 공장에서 일하는 아이들의 짐을 덜어 주고 싶어 했어요. 그는 기계에 구멍 뚫린 카드를 집어넣고 씨실과 날실의 교차 여부를 자동으로 처리하게 했답니다. 카드마다 다른 무늬가 나오게 했으니, 일종의 프로그램처럼 작용한 셈이에요. 카드만 바꿔 주면 새로운 무늬를 쉽게 얻을 수 있었거든요. 그야말로 아주 실용적이었겠지요?

찰스 배비지의 놀라운 아이디어

1834년에 영국의 찰스 배비지는 구멍 뚫린 카드들을 사용하는 기계의 톱니바퀴를 증기의 힘으로 돌리면, 복잡한 계산을 자동으로 해낼 수 있을 거라고 생각했어요. 하지만 그는 형편이 어려워 이 기계를 실제로 제작할 순 없었지요.

그래도 그의 아이디어만큼은 통했습니다. 1985년에 런던 과학 박물관에서 찰스 배비지의 설계에 따라 4,000개의 부품으로 이루어진 이 계산기를 실제로 만들었거든요. 그래서 어떻게 되었느냐고요? 아주 잘 돌아갔답니다!

슈퍼컴퓨터 전쟁

제2차 세계 대전을 계기로 컴퓨터 분야는 크게 발전했습니다. 같은 편끼리 보내는 메시지를 암호화해야 했기 때문이지요. 각 나라는 독자적인 시스템을 개발했습니다. 독일은 Z3, 영국은 콜로서스가 있었지만 그중 가장 완성도가 높은 시스템은 미국의 ENIAC이었어요.
ENIAC은 최초의 전자 컴퓨터였는데요. 무게가 30톤인 데다 수만 개의 관, 다이오드, 그 밖의 콘덴서로 이루어져 있어, 자그마치 면적을 170제곱미터나 차지했답니다. 웬만한 크기의 집이 차지하는 면적의 두 배니, 정말로 대단하지요!

 정보 과학자 중에서 누가 제일 유명해요?

알 콰리즈미 (780-850)

9세기에 살았던 이 아랍 수학자는 상속분 계산법, 밭의 면적 계산법, 그 외에도 실생활에 필요한 여러 가지 계산법을 한 권의 책으로 정리했습니다.

지금도 정보 공학자들이 문제 해결에 사용하는 일련의 지시들, 다시 말해 '알고리즘'이라는 용어가 바로 이 알 콰리즈미의 이름에서 유래했답니다!

에이다 러브레이스 (1815-1852)

영국의 백작 부인이었던 에이다 러브레이스는 그 시대 여성으로서는 드물게 수준 높은 교육을 받았는데요. 그중에서 수학을 특히 좋아했어요. 찰스 배비지와 함께 계산기를 설계하기도 했는데, 그 기계로 실행되는 알고리즘까지 고안했지요.

그러니까 인류 최초의 프로그래머는…… 바로 여성이었답니다!

그레이스 하퍼(1906-1992)

제2차 세계 대전 이후에 이 여성 정보 과학자는 미군 최초의 컴퓨터 모델을 작업했습니다. 그레이스 하퍼는 영어로 명령을 입력하는 컴퓨터 언어와 컴파일러(명령어를 코드로 변환하는 프로그램)를 만들었어요.

앨런 튜링(1912-1954)

영국의 수학자이자 컴퓨터 과학자예요. 1936년에 이 천재는 가능한 모든 계산을 수행할 수 있는 기계를 고안해 냈습니다.

그로부터 십 년 후에는 그가 고안한 모델을 바탕으로 초보적인 컴퓨터가 만들어졌지요. 그뿐만이 아니에요. 앨런 튜링은 제2차 세계 대전에서 독일군의 암호를 해독하는 데도 핵심적인 역할을 했답니다.

더글러스 엥겔바트 (1925-2013)

더글러스 엥겔바트는 컴퓨터가 더 나은 미래의 열쇠라고 여겼어요. 그래서 많은 사람이 컴퓨터를 더 편히 쓸 수 있어야 한다고 생각했습니다. 그는 모니터에서 포인터를 쉽게 옮길 수 있는 장치, 즉 마우스를 만들었지요.

마우스는 쥐를 닮았다고 해서 이런 이름이 붙었어요. 그런데 최초의 마우스는 바퀴 달린 나무 상자에 클릭을 할 수 있는 버튼이 달려 있었으며, 컴퓨터와 전선으로 연결되어 있었다지요.

마거릿 해밀턴 (1936-)

마거릿 해밀턴은 미국 항공 우주국(NASA)의 달 착륙 계획 소프트웨어 개발을 주도한 정보 과학자입니다. 해밀턴의 천재적인 아이디어가 없었더라면, 아폴로 우주선에 과부하가 걸려서 인류 최초의 달 착륙은 실패하고 말았을지도 몰라요.

우주인들에게는 다행스럽게도 우선순위가 높은 작업, 즉 착륙부터 처리하게끔 프로그램이 작동해 주었지요.

빌 게이츠 (1955-)

빌 게이츠는 스무 살에 학업을 중단하고, 친구 폴 앨런과 함께 컴퓨터 과학에만 매진하기로 결심했어요. 그들은 마이크로소프트를 설립하고, IBM과 계약을 맺어 전 세계 컴퓨터에 운영 체제를 공급했지요.

지금은 빌 게이츠가 마이크로소프트를 이끌지 않지만, 세계에서 가장 큰 부자 가운데 한 사람으로서 엄청난 영향력을 발휘하고 있습니다.

스티브 잡스 (1955-2011)

1976년에 스티브 잡스는 게임 회사 아타리에서 일했어요. 그때 이미 마음속으로는 자기 회사를 설립할 생각을 품고 있었지요.

얼마 뒤 친구 스티브 워즈니악과 함께 애플을 설립하고는, 부모님 집 차고에서 최초의 맥 컴퓨터(매킨토시)를 만들었지요. 맥과 그 후속 모델의 성공으로 스티브 잡스는 불과 스물다섯 살에 억만장자가 되었답니다.

아이폰을 통해 스마트폰을 이용한 모바일 시대를 만드는 데 일조했는데요. 그래서인지 21세기 혁신의 아이콘이라 평가받아요.

팀 버너스 리 (1955-)

1980년대에 팀 버너스 리는 영국의 컴퓨터 과학자로, CERN(유럽 입자 물리학 연구소)에서 일했어요. 그는 연구자들을 돕기 위해 연구소 내에서 실시한 실험에 대한 컴퓨터 문서들을 작성한 뒤 서로 연결하는 아이디어를 냈지요.

이로써 그는 인터넷을 사용하는 새로운 방식, 즉 '웹'이라는 것을 고안해 냈답니다. 인터넷의 기반을 닦은 여러 공로로 '웹의 아버지'라고 불려요.

리누스 토발즈 (1969-)

핀란드에서 태어난 리누스 토발즈는 할아버지의 컴퓨터 덕분에 일찍부터 정보 과학에 눈을 떴어요. 그는 오픈 소스 컴퓨터 운영 체제인 리눅스를 만들었답니다.

오픈 소스란, 누구나 다운로드해서 코드를 확인하거나 수정을 할 수 있는 걸 뜻해요. 리눅스의 마스코트는 리누스가 가장 좋아하는 동물, 펭귄이라고 하지요. 그런데 그는 사실 동물원에서 펭귄에게 한 번 물린 적이 있다는군요.

에드워드 스노든(1983-)

에드워드 스노든은 미국 중앙 정보국(CIA)에서 일하면서 자기가 몸담은 기관이 전 세계 컴퓨터와 휴대폰을 몰래 감시한다는 사실을 알게 되었어요. 그는 미국 중앙 정보국 기밀 자료를 USB 보안 장치에 복사한 다음, 이 사실을 언론에 알리기로 결심했지요. 스노든은 미국 정부의 추적을 피해 현재 러시아에 망명 중이랍니다.

마크 저커버그(1984-)

2004년에 마크 저커버그는 하버드 대학교에서 만난 친구들과 함께 소셜 네트워크 기업인 페이스북을 설립했습니다.

페이스북은 처음에 하버드 대학교 학생들에게만 공개되었지만, 차츰 미국의 다른 대학교 학생들도 이용하게 되었지요. 페이스북은 전 세계에서 가장 많은 사람이 사용하기도 하고, 또 가장 많은 비판을 받는 소셜 네트워크이기도 해요.

지금 저커버그는 페이스북을 필두로 인스타그램, 왓츠앱, 메타 퀘스트 등을 개발·운영하는 지주사 메타의 대표이사랍니다.

스마트폰이 없던 시절에는 어떻게 살았을까요?

공중 전화기를 썼다고?

할아버지·할머니가 여러분 나이였을 때는 휴대폰이 없었습니다. 그래서 연락을 하려면 사전에 미리 약속을 해야 했지요. 아니면 정해진 시각에 온 가족이 함께 쓰는 집 전화를 이용해야 했고요. 집 밖에서는 공중 전화기에 동전을 넣고 이용했어요. 지금은 많은 사람이 전화기를 가지고 다니기 때문에 공중 전화기가 점점 사라지고 있지만요.

최초의 휴대폰

전화기는 지난 사십년 동안 가장 많이 발전한 기기 가운데 하나예요. 최초의 휴대폰은 1980년대에 나왔는데요. 일반인들이 사용하기는 어려운 점이 많았어요. 길이가 30센티미터가 넘는 데다 무게는 1킬로그램 이상 나갔거든요. 게다가 삼십 분밖에 작동하지 않았다지 뭐예요.

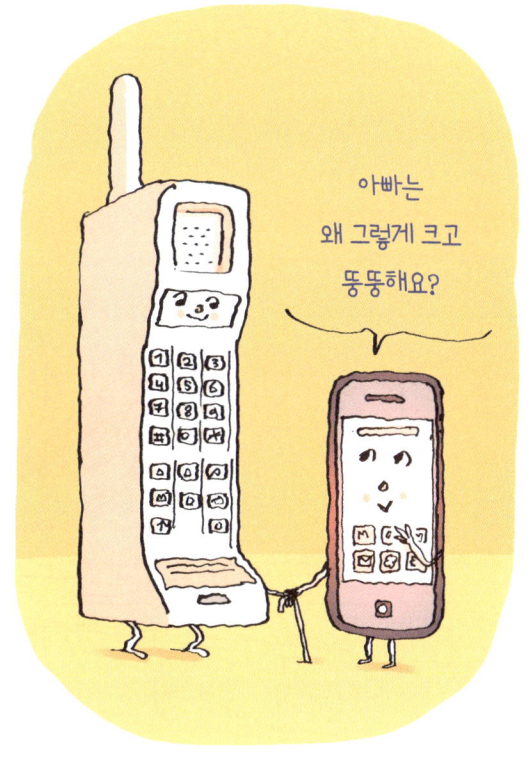

아빠는 왜 그렇게 크고 뚱뚱해요?

시간이 흐를수록 전화기는 점점 더 작아지고 성능이 좋아졌어요. 하지만 여전히 보통 사람들이 쓰기에는 너무 비쌌지요.

스마트폰 시대가 본격적으로 시작된 것은 2007년에 애플사의 아이폰이 등장하면서부터예요. 아이폰은 어플리케이션과 터치스크린을 이용해 다양한 기능을 수행하는 최초의 기기랍니다!

스마트폰 = 초소형 컴퓨터

스마트폰은 한 손으로 쥘 수 있을 뿐 아니라 주머니에도 쏙 들어가는 초소형 컴퓨터입니다. 스마트폰 한 대만 있으면 시계, 다이어리, MP3 플레이어, GPS 장치, 디지털카메라, 컴퓨터 게임기가 다 되니까요. 심지어 스마트폰만 있으면 인터넷 쇼핑도 할 수 있고, 자동차에 시동을 걸 수도 있지요.

스마트폰에 깔 수 있는 어플리케이션은 수천, 아니 수만 개가 있어요. 그래서인지 지금은 컴퓨터나 태블릿보다 스마트폰이 더 널리 사용되고 있지요. 현재 전 세계 인구보다 지구상에 존재하는 스마트폰의 수가 더 많다는군요.

스마트폰 중독 조심!

가정이나 직장에서 게임을 하거나 음악을 듣는 용도로 스마트폰을 장시간 이용하다 보면 자기도 모르게 중독이 되기 쉬워요. 영국에서 실시한 조사에 따르면, 현대인은 하루 평균 이백 번 이상 스마트폰을 만지고 세 시간 이상 사용한다고 해요.

스마트폰 없이 지내는 것을 두려워하는 병도 있다고 하네요. 그러한 병을 노모포비아(노 모바일폰 포비아)라고 부른다지요. 스마트폰 중독에서 어린이들을 보호하기 위해 초등학교 교실에서는 스마트폰 사용을 금지하기도 해요.

인터넷이 정확히 뭐예요?

인터넷은 정보 고속도로!

인터넷은 거대한 정보의 연결망입니다. 전 세계 수백만 대의 컴퓨터, 태블릿, 스마트폰을 서로 연결해 주거든요. 우리는 이 연결망 덕분에 빠르게 정보에 접근하고, 이메일이나 웹 같은 서비스를 이용할 수 있는 거예요.

앗, 거미줄에 걸렸어!

영어로 웹(web)은 '거미줄'을 뜻해요. 그리고 월드와이드웹(WWW, World Wide Web)을 줄여서 간단히 '웹'이라고 부를 때도 많지요. 여러분도 www, 이 세 개의 w에는 익숙하지요? 여러분이 자주 방문하는 웹사이트 주소에도 첫머리에 이 www가 있을 거예요. 우리는 이 문자에 힘입어 원하는 웹사이트를 찾을 수 있답니다.

누가 '좋아요'를 제일 많이 받았지?

서핑 한번 해 볼까?

웹을 두루 돌아다닐 수 있게 해 주는 소프트웨어와 어플리케이션을 '내비게이터'라고 불러요. 그리고 웹을 돌아다니면서 살펴보는 것을 '인터넷 서핑'이라고 하지요. 그러한 도구 중에서 가장 잘 알려진 것이 마이크로소프트 엣지와 구글 크롬이에요. 여러분은 나이에 맞지 않는 이미

지를 인터넷에서 보지 않도록 부모님께 보호 장치를 깔아 달라고 하는 게 어때요?

인터넷 서버는 에너지 대마왕

세계 곳곳에는 웹사이트 페이지들을 저장하는 고성능 컴퓨터들이 있는데요. 그 컴퓨터들을 '서버'라고 불러요. 인터넷 서버는 html이나 http 같은 특수한 언어를 사용하여 정보를 보내고 받아들이는 작업을 한답니다.

그런데 이 과정은 에너지를 무척 많이 소비하지요. 만약에 인터넷이 하나의 국가라면 세계에서 여섯 번째로 전력을 많이 소비하는 국가로 꼽힐 거에요.

모든 것은 상자 안에!

여러분이 집에서 인터넷에 접속하려면 부모님이 통신 회사에 가입을 하고 사용료를 내야 합니다. 그러면 통신 회사에서 와이파이를 쓸 수 있는 상자를 집에 설치해 주지요. 그렇지만 도시에 사느냐 시골에 사느냐에 따라서 인터넷 서비스 속도가 빠를 수도 있고 느릴 수도 있어요.

유선이냐, 무선이냐?

인터넷 연결망은 다양한 연결 방식을 사용합니다. 전선 없이 와이파이나 5G를 쓸 수도 있고, 안테나 위성의 도움을 받기도 하거든요. 정보는 다양한 크기의 케이블을 통과해요. 심지어 대륙과 대륙을 연결해 주는 해저 케이블도 있지요.

인터넷으로 다른 사람을 감시할 수도 있나요?

인터넷에는 투명 망토가 없어

인터넷에 접속해 있을 때는 아무도 여러분을 보지 않는 것 같지요? 하지만 여러분의 정체가 정말로 숨겨져 있는 것은 아닙니다.

여러분의 컴퓨터, 태블릿, 스마트폰은 IP(internet protocol) 주소라는 것을 사용하거든요. 이 주소도 우편물 주소나 마찬가지지만, 인터넷에서만 한정된다고 생각하면 됩니다.

IP 주소는 고유하기 때문에 사용자를 금방 알아낼 수 있어요. 더욱이 IP 주소는 여러분이 인터넷 방문 기록을 지우더라도 웹사이트에 고스란히 남는답니다. 그러니 호기심이 강한 해커가 마음만 먹는다면 여러분의 인터넷 활동을 추적할 수도 있겠지요?

쿠키를 먹을까, 말까?

인터넷에서 말하는 쿠키는 먹는 게 아닙니다. 쿠키는 여러분이 웹사이트를 방문할 때 여러분의 컴퓨터나 태블릿에 자동으로 기록되는 임시 파일이에요.

아, 참! 쿠키는 바이러스가 아닙니다. 단지 여러분이 어느 나라에서 접속하는지, 어떤 기기를 쓰는지, 언제 웹사이트에 접속했는지 알려 주는 파일이지요. 그러면 여러분이 다음번에 접속할 때 그 웹사이트가 좀 더 빨리 화면에 나타날 수 있어요.

쿠키는 여러분에게 맞춤 광고를 보여 주는 데에도 쓰여요. 광고를 보고 싶지 않다면 수시로 인터넷 옵션에서 쿠키를 삭제하도록 해요.

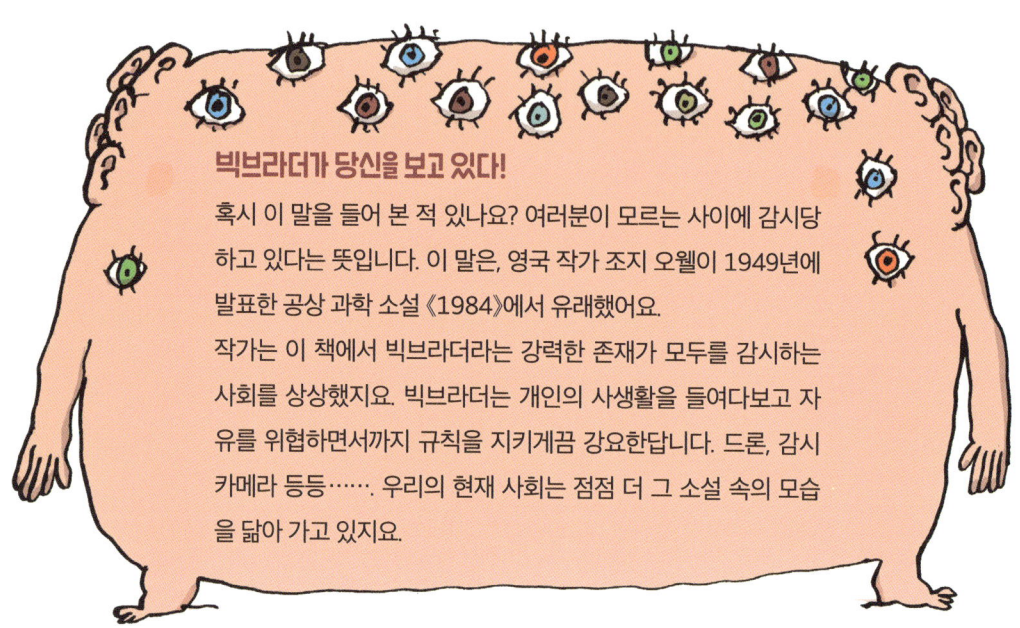

빅브라더가 당신을 보고 있다!

혹시 이 말을 들어 본 적 있나요? 여러분이 모르는 사이에 감시당하고 있다는 뜻입니다. 이 말은, 영국 작가 조지 오웰이 1949년에 발표한 공상 과학 소설 《1984》에서 유래했어요.

작가는 이 책에서 빅브라더라는 강력한 존재가 모두를 감시하는 사회를 상상했지요. 빅브라더는 개인의 사생활을 들여다보고 자유를 위협하면서까지 규칙을 지키게끔 강요한답니다. 드론, 감시 카메라 등등……. 우리의 현재 사회는 점점 더 그 소설 속의 모습을 닮아 가고 있지요.

모두가 감시당하는 중!

어떤 나라는 첨단 기술을 사용하여 국민을 감시합니다. 거리에 스마트 감시 카메라가 설치되어 있고, 안면 인식 기술로 동영상에 찍힌 사람의 신원까지 확인할 수 있지요.

운전을 하다가 횡단보도를 침범한 현장이 카메라에 찍히면 벌점을 받습니다. 벌점이 많이 쌓인 사람은 대중교통 수단의 이용을 금지당한다든가 하는 제한을 받지요.

개인 정보 보호법

정보 기술의 발달로 다양한 모바일 기기와 연결되어 있는 개인 정보를 보호받을 권리가 있어요. 개인 정보는 나를 다른 사람과 구별해 주는 정보로 이름, 나이, 주민등록번호, 주소, 전화번호 같은 걸 말해요.

그러니까 여러분은 인터넷에서 개인 정보를 요구하는 질문에 답하면 안 돼요. 이 규정을 지키지 않는 기업들은 거액의 벌금을 물어야 합니다. 개인 정보는 결코 가볍게 다루어선 안 돼요!

컴퓨터 언어는 몇 가지일까요?

컴퓨터 안에는 뭐가 들어 있을까?

컴퓨터는 날이 갈수록 점점 더 작아지고 '스마트'해지지만, 그 안에 든 것은 여전히 전자 부품들이에요. 마이크로 프로세서가 프로그램을 처리하고, RAM이 연산을 돕고, 하드 디스크가 데이터를 저장하지요. 물론 이 전체가 정보를 잘 처리하기 위해서는 프로그래밍이 제대로 되어 있어야 해요.

모두를 위한 하나, 하나를 위한 모두!

1+1=10

컴퓨터, 태블릿, 스마트폰의 마이크로 프로세서는 연산을 수행하기 위해 이진법 코딩을 써요. 이진법은 0과 1만 쓰기 때문에 전류로 구현하기가 매우 좋아요. 1은 예스! 전류가 흐르는 것이고, 0은 노! 전류가 흐

르지 않는 것입니다. 이진법은 전혀 복잡하지 않지만 1초에 수천 번의 연산을 동시에 처리한다는 점에서 대단하다 할 수 있어요.

창문? 사과? 펭귄?

모든 컴퓨터에는 운영 체제 (OS)가 있어요. 컴퓨터의 메모리가 모니터, 키보드, 마우스 등에 접근할 수 있게 해 주는 중심 프로그램이라고나 할까요? 운영 체제 없이는 컴퓨터를 절대 사용할 수 없답니다.

운영 체제는 여러 가지가 있지만, 그중에서 가장 많이 쓰이는 것은 마이크로소프트사의 윈도와 애플사의 맥 OS예요.

아, 참! 자유 OS인 리눅스도 있어요. 여기서 말하는 '자유'는 무료로 사용이 가능하며, 개인의 사생활을 좀 더 존중한다는 뜻입니다. 리눅스의 공식 마스

코트는 펭귄이에요!

최초의 프로그래밍 언어

컴퓨터에서 작동하는 소프트 웨어, 어플리케이션, 게임은 프로그래밍 언어로 만들어져요. 프로그래밍 언어는 여러 가지가 있는데, 각 언어에는 저마다 고유한 규칙과 어휘가 있지요.

최초의 프로그래밍 언어는 1964년에 만들어진 BASIC이에요. 가령, HTML은 웹페이지 제작에 도움을 주어요. 파이썬은 쉽고 간결해서 가장 널리 쓰는 프로그래밍 언어인데, 네덜란드 수학자 귀도 반 로섬이 개발했어요. 여러분이 코딩을 배우면서 논리를 키울 수 있는 프로그래밍 언어로는 스크래치가 있지요.

손가락과 목소리로!

여러분은 컴퓨터를 어떻게 사용하나요? 키보드와 마우스를 쓸 때도 있고, 게임용 컨트롤러를 쓰기도 하며, 스피커나 프린터 같은 부속 도구를 쓰기도 할 것입니다. 터치스크린을 사용한다면 손가락만으로도 조작이 가능할 테고요!

지금은 컴퓨터를 건드리지 않고 음성만으로도 조작이 가능하답니다.

살아 움직이는 컴퓨터가 나올까요?

언젠가는 기계가 살아 움직일지도 모릅니다. 실제로 단백질과 분자를 바탕으로 생체 컴퓨터를 만들어 내고자 하는 연구자들이 있습니다. 생체 컴퓨터는 에너지를 덜 사용하고 더 오래가기 때문에 지구를 위해서도 좋은 일이 될 수 있어요!

인공 지능이 사람보다 똑똑한가요?

인공 지능은 뭐든지 할 수 있어

운전, 음성 인식, 컴퓨터 게임 속의 캐릭터 조종……. 오늘날의 컴퓨터는 이런 복잡한 일을 다 할 수 있어요. 이처럼 기계가 인간의 지능을 모방할 수 있게 하는 여러 기술의 총체를 '인공 지능'이라고 하지요.

인공 지능 혼자서 척척!
인공 지능을 잘 발달시키려면 '딥 러닝'이라고 하는 기술을 동원해야 해요. 아무것도 모르는 아이를 붙잡고 일일이 가르치듯이, 기계에 이미지와 소리, 텍스트를 입력하고 그게 무엇인지 알려 줘야 하지요. 그러고 나서 시간이 흐르면 기계가 혼자서도 그것들을 식별할 수 있답니다!

최초의 컴퓨터가 등장한 이래로 사람들은 언젠가 기계가 인간 못지않은 지능을 가질 수 있을지 궁금해했습니다. 영국의 정보 과학자 앨런 튜링은 이 의문에 답하기 위해서 기계의 지능을 평가하는 실험을 고안했어요.

일단 참가자는 상대가 컴퓨터인지 사람인지 모르는 상태에서 메시지로 소통을 합니다. 적어도 두 번에 한 번 이상 컴퓨터인 걸 알아차리지 못했다면, 그 컴퓨터는 튜링 테스트를 통과하게 되는 거예요.

컴퓨터가 사람보다 똑똑해질 때

1997년에 딥블루라는 미국 컴퓨터가 세계 챔피언과의 체스 시합에서 승리하자 온 세상이 깜짝 놀랐습니다. 그리고 2016년에는 알파고가 세계 챔피언 이세돌을 상대로 바둑 시합을 벌여 승리를 거두었지요.

이처럼 인공 지능은 게임만 잘하는게 아니에요. 이미 어떤 영역에서는 사람의 능력을 여러 차례 뛰어넘었지요. 그리고 지금도 인공 지능은 끊임없이 발전하는 중이랍니다.

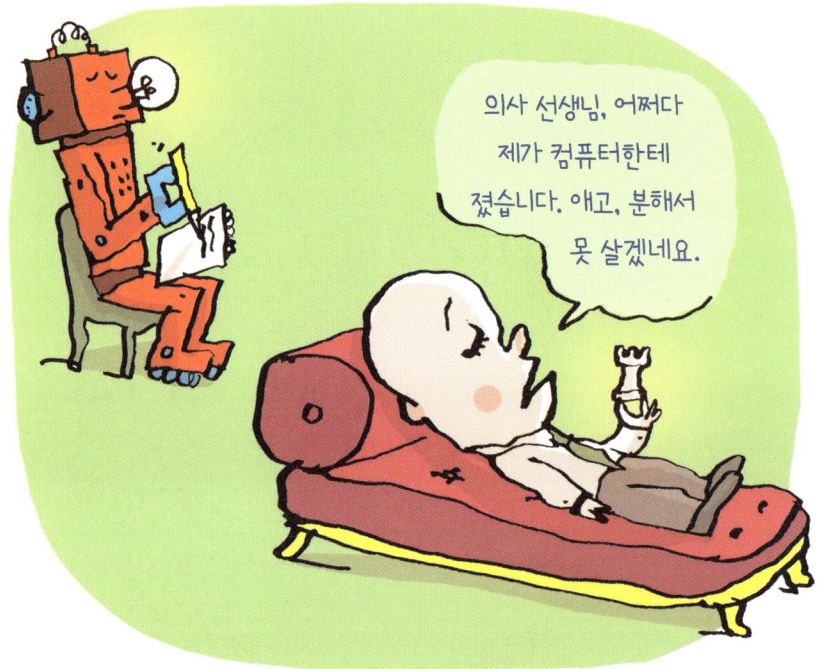

구글은 뭐든 다 대답할 수 있나요?

이 세상은 구글 제국

구글은 세계에서 가장 큰 인터넷 기업입니다. 미국 실리콘밸리에 자리 잡은 이 회사는 스탠포드 대학교에 재학 중이던 두 학생 래리 페이지와 세르게이 브린이 만들었는데요.

그들의 창업 아이디어는 인터넷에서 찾을 수 있는 모든 정보에 누구나 쉽게 접근할 수 있도록 조직하는 것이었습니다.

그들은 수십억 개의 웹사이트를 구글의 서버에 나열하기 위해 복잡한 알고리즘을 사용했어요. 구글은 기발한 광고 시스템 덕분에 곧 엄청난 돈을 벌었지요. 그래서 두 창업자는 2019년에 마흔여섯 살의 나이로 은퇴를 선언했답니다!

구글로 정보 낚시!

구글은 검색 엔진, 다시 말해 웹에서 정보를 찾을 수 있도록 도와주는 도구입니다. 그러려면 여러분이 관심 있는 주제를 검색어로 입력해야 하지요.

가령, 이 책에 삽화를 그린 사람에 대해서 좀 더 알고 싶은가요? 그렇다면 '파스칼 르메트르'를 검색창에 입력하세요. 당장에 그에 대한 정보가 포함된 웹페이지들을 찾을 수 있을 거예요. 이제 영어사전에도 '구글 검색(googling)'이라는 단어가 공식 등재되어 있답니다. 구글 검색이 얼마나 널리 쓰이는지 알겠지요?

이 세상에 구글만 있는 게 아니야!

구글은 가장 널리 쓰이는 검색 엔진이에요. 전 세계 네티즌들 중 대부분은 구글을 쓰지요. 하지만 다른 검색 엔진들도 많이 있어요. 인터넷 생활을 현명하게 하기 위해서는 여러 군데에서 검색을 하고, 또 수집한 자료를 비교해서 올바르게 선택할 줄 알아야 합니다.

구글이 처음엔 오타였다고?

구글이라는 기업명이 단순한 오타에서 비롯됐다는 이야기가 있습니다. 래리 페이지와 세르게이 브린과 가깝게 지내던 한 친구가 그들의 아이디어는 거인의 작업과 마찬가지라고 하면서 '구골(googol)'이라고 하는 수학 용어를 언급했지요.

구골은 10의 100제곱, 즉 1 뒤에 0이 100개 달린 수를 가리키는데요. 1구골은 우주에 존재하는 원자의 수보다 크다고 해요. 두 창업자는 그 말에 솔깃해서 인터넷 도메인 이름으로 쓰기로 했지만, 실수로 구골 대신 구글이라고 입력하고 말았다나요! 재미있는 일화가 아닌가요?

가령, 빙(Bing)은 마이크로소프트사가 개발한 검색 엔진입니다. 중국에서는 구글이 검열을 당하기 때문에 바이두(Baidu)를 주로 씁니다. 사생활

보호에 중점을 두는 덕덕고(DuckDuckGo)라는 검색 엔진도 있고요. 한국에서는 다음(Daum)과 네이버(Naver)를 주로 사용해요.

아, 여러분과 같은 어린이들에게 적합한 검색 엔진도 따로 있답니다!

검색 말고도 다양한 기능이 있다고!

구글은 검색 엔진 역할만 하는 것이 아니에요. 잘 알려지지 않았거나 숨겨져 있을 뿐 다른 기능들도 있지요. 여러분이 직접 찾아보아요.

계산기 : 계산을 할 때 이용해 보세요.

번역기 : 100가지 이상의 언어를 여러 나라 말로 옮길 수 있어요!

메트로놈 : 박자를 맞춰 보아요!

틱택토 : 여러분이 과연 이길 수 있을까요?

팩맨 : 유령에게 잡아먹히기 전에 얼른 사탕을 먹어 치워요!

Do a barrel roll : 구글 검색창에 이 문장을 넣어 보세요. 아주 재미있는 광경을 보게 될 거예요!

소셜 네트워크에 올린 사진은 안전한가요?

진짜 삶이 아닐 수도!

소셜 네트워크에는 자신이 원하는 모습을 보여 줄 수 있어요. 하지만 그 모습이 반드시 진실하라는 법은 없지요. 어떤 사람은 관심을 끌기 위해 실제보다 훨씬 아름답고 멋진 모습을 꾸며 내려고 애쓰거든요. 인기를 얻고 구독자 수를 늘려서 영향력을 행사하려는 것이지요!

SNS마다 쓰임새가 달라

각자의 나이와 관심사에 따라서, 또 단순히 기분 전환을 원하느냐, 아니면 아니면 학교 공부나 직장 일에 도움을 받기 원하느냐에 따라서

SNS를 달리 선택할 수 있어요. 그러니까 쓰임새에 맞게 SNS 활동을 해야겠지요.

예를 들어 틱톡을 보면서는 깔깔대고, 인스타그램을 보면서 영감을 얻고, 트위터에서는 정보를 얻을 수 있겠지요! SNS에 가입할 수 있는 나이가 되거든, 여러분보다 먼저 SNS 활동을 경험한 사람들에게 조언을 받으세요. 여러분이 규정을 이해하고 사생활을 지키면서도 SNS를 즐길 수 있도록 도와줄 거예요.

가상 세계의 싸움이 현실로 번진다면?

현실에서와 마찬가지로, 소셜 네트워크에서도 때때로 싸움이나 분쟁이 일어날 수 있어요. 상대를 직접 대면하지 않고 SNS에 접속해 있을 때는 심한 말이 더 쉽게 튀어나오곤 하니까요. 욕설이나 차별적인 발언, 거짓말을 대하면 누구나 마음이 불편하고 화가 나잖아요.

명심하세요, 사이버 괴롭힘은 법으로 처벌받는 범죄입니다. 혹시라도 여러분이 인터넷상에서 괴롭힘을 당하게 되면 반드시 부모님이나 믿을 수 있는 어른에게 도움을 청하세요. 혹은 117번으로 전화를 걸어 여러분이 입은 피해를 신고하도록 해요!

SNS를 처음 시작하는 사람을 위하여
- 다른 사람의 사진이나 동영상을 허락도 받지 않고 SNS에 올려서는 안 됩니다. 설령 가족이라고 해도 말이에요!
- 사생활을 보호하세요. 여러분에 대한 구체적 정보를 SNS에 드러내지 마세요.
- 다른 사람들을 존중하세요. 남에게 상처나 모욕이 될 수 있는 말을 SNS에 게시해서는 안 됩니다.
- SNS에서 말을 거는 사람들이 여러분의 친구나 지인이 맞는지 확인하세요. 인터넷에서는 아무나 말을 걸어올 수도 있다는 사실을 잊지 마세요.

인터넷에 가짜 뉴스가 판친다고요?

가짜 뉴스 주의보!

인터넷에서 찾을 수 있는 잘못된 정보가 전부 가짜 뉴스는 아닙니다. 가령, 기자가 확실하지 않은 정보를 본의 아니게 유포할 수도 있거든요.

가짜 뉴스는 사람들에게 영향력을 행사할 목적으로 부분적인 진실들을 짜 맞춰 만들어 낸 거짓이지요.

2016년 미국 대통령 선거에서 도널드 트럼프가 당선된 이후로 가짜 뉴스라는 표현이 널리 퍼졌는데요. 사실 가짜 뉴스는 그 전부터 이미 존재했답니다.

가짜 뉴스를 퍼뜨리는 이유

정치 집단이나 정부가 사람들을 휘어잡기 위해서 가짜 뉴스를 퍼뜨리는 경우가 있어요. 때로는 그 결과가 엄청난 비극으로 나타날 때도 있답니다. 2003년에 미국은 이라크가 생화학 무기를 보유하고 있다는 가짜 정보를 퍼뜨렸는데요. 그 후 이라크 전쟁이 일어났지요.

또 어떤 이들은 사람들을 속여서 돈을 갈취하기 위해 가짜 뉴스를 퍼뜨립니다. 건강 분야에서도……, 기적의 효능을 보여 준다는 특정 약품이나 건강 보조제를 팔기 위해 거짓 정보를 유포하기도 하지요.

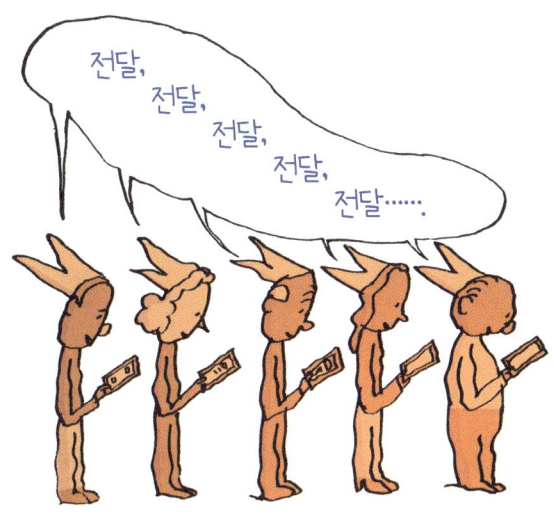

거짓인지 모를 수도 있어

거짓 정보를 만들어 내는 사람들은 자기네가 거짓말을 한다는 것을 알지만, 그 정보를 전달하는 사람은 그 사실을 모를 수도 있어요. 어쩌면 여러분도 거짓이라는 걸 모르고 어떤 정보를 전달하거나 공유할 수도 있고요. 물론 재미있는 기사나 유머를 SNS 친구들에게 공유하고 싶을 수도 있지요. 하지만 어떤 친구는 그 기사를 유머로만 생각지 않고 진지하게 받아들일 수도 있지 않을까요?

사진도 믿어선 안 돼

기사 옆에 사진이 있으면 무조건 믿을 수 있을까요? 늘 그렇진 않답니다! 한 장의 사진이 모든 것을 증명해 주진 않아요. 사진을 특정 부분만 보이게 편집하거나 조작할 수도 있으니까요.

혹시라도 사진이 미심쩍다면 그 출처를 조사해 보도록 해요. 요즘은 동영상도 믿을 수 없는 경우가 점점 더 많아져요. 최근 몇 년 사이에 전혀 상관없는 인물의 얼굴을 동영상에 합성하는 경우(딥 페이크)도 많아졌거든요.

가짜 뉴스 판별법

어떤 정보가 진짜인지 알고 싶은가요? 그 정보를 다루었던 신문이나 텔레비전 뉴스를 여러 가지 찾아서 내용을 비교해 보아요. 정말로 중요한 정보라면 당연히 여러 명의 기자가 다루었을 겁니다.

그 정보가 어디서 나왔는지, 또 누가 보도했는지도 눈여겨보도록 해요. 처음 보는 웹사이트라고요? 그렇다면 그 웹사이트의 주제가 무엇인지, 어떤 사람들이 운영하는지 보세요. 항상 흥미로운 점을 발견할 수 있을 거예요. 어떤 정보가 의심스럽다면 가짜 뉴스 검증 웹사이트를 이용할 수도 있어요.

우리는 컴퓨터를 사용한 뒤로 더 똑똑해졌을까요?

줄리어스 예고, 유튜브로 훈련해서 은메달을!

창 던지기에 관심 있는 사람이 아주 높은 수준까지 실력을 쌓으려면 상당한 훈련이 필요합니다. 그런 면에서 줄리어스 예고의 이야기는 우리에게 많은 것을 가르쳐 줍니다. 아프리카의 창 던지기 선수인 그는 챔피언이 되고 싶었습니다. 그런데 줄리어스 예고가 살던 나라에는 그를 이끌어 줄 만큼 실력과 경험이 많은 코치가 없었습니다.

결국 줄리어스 예고는 자신의 훈련 과정을 영상으로 찍고 챔피언들의 경기 영상을 보면서 자신과 비교하고 연구를 했습니다. 그는 이 방법으로 실력을 빠르게 끌어올리고 올림픽에 출전할 정도의 기량을 갖게 되었지요. 2016년에 리우 올림픽에서 줄리어스 예고는 은메달을 차지했습니다. 정말 대단하지 않나요!

인터넷은 지식의 바다

여러분은 인터넷 덕분에 여러분의 뇌가 평생을 걸려도 다 소화할 수 없을 만큼 광대한 지식과 정보에 접근할 수 있어요! 그러한 지식과 노하우는 우리가 세계를 이해하고 교양을 쌓는 데 많은 도움이 됩니다.

혹시 중세의 기사들에게 관심이 있나요? 클릭 몇 번이면 그러한 분야를 전문적으로 다루는 웹사이트와 엄선된 영상을 한눈에 볼 수 있어요. 그런 식으로 독학을 해서 부모님이 깜짝 놀랄 정도의 지식을 쌓을 수도 있을걸요!

지식의 바다에 뛰어들기 전에 수영하는 법부터 배워 두면 좋겠지!

좋은 것만 가려 내기

유튜브에는 귀여운 고양이 동영상만 있는 게 아니에요. 그 외에도 다양한 주제에 대해 재미있게 배워 볼 수 있답니다. 과학이나 외국어, 악기

어둠의 TV가 짱이야. 끓는 물에다 두꺼비 분말 10그램에 말린 거미 10마리를 넣고, 한 시간 정도 푹 끓였다가 식혀 주면 된다는 거지.

연주나 역사를 배울 수도 있지요. 여기에 몇 가지 채널을 소개합니다.

애니맥스 www.animaxtv.co.kr
어린이 애니메이션 채널. 만화 프로그램, 게임, 이벤트 제공

재능TV www.jeitv.com
재능교육 케이블 TV 어린이 교육 채널. 영어 게임, 스토리북, 커뮤니티 제공

쥬니어 네이버 TV 동영상 jr.naver.com/tv
만화 동영상, 닉주니어, 대교 어린이 TV, EBS, 투니버스, 카툰 네트워크 등 다양한 영상 제공

EBS 초등 primary.ebs.co.kr
EBS 초등학교 학습 강좌. 영어, 수학, 과학, 방학생활 등 TV 강좌 제공

하루 두 시간 이하로!

인터넷의 정보는 특수한 알고리즘에 따라 분류되고 제시됩니다. 봐야 할 것이 너무 많기 때문에 우리는 아무 생각 없이 화면에 뜨는 대로 이 동영상에서 저 동영상으로 넘어가기 쉽습니다. 그러다 보면 금세 중독이 되고, 우리의 고유한 사고 능력이나 비판 정신을 발휘하기가 힘들어지지요.

연구자들은 인터넷 사용을 하루 두 시간 이하로 제한당하는 어린이들이 그렇지 않은 어린이들보다 지적 능력이 뛰어나다고 보고한 바 있어요. 여러분도 디지털 소화불량에 걸리지 않도록 조심하세요!

학교에서도 디지털 교육?

아직도 학교 공부는 주로 교과서와 공책, 필통을 가지고 하지만 컴퓨터를 이용하는 수업이 점점 늘어나고 있어요. 어쩌면 여러분에게는 인터랙티브 디지털 칠판, 컴퓨터나 태블릿으로 하는 공부가 이미 더 흥미로울지도 모르겠습니다.

디지털 장비를 활용하면 선생님도 더 쌍방향적이고 역동적인 수업을 준비할 수 있어요. 컴퓨터는 교육에 큰 도움을 줄 수 있지만, 그렇다고 해서 선생님의 역할을 완전히 대체하지는 못한답니다!

안녕하세요,
로봇 선생님이에요!

 인터넷에선 모든 게 공짜예요?

사실 공짜는 없어

모든 웹사이트에는 그것을 운영하는 사람들이 있어요. 그들이 웹사이트를 관리하고, 업데이트를 하고, 새로운 콘텐츠를 만들어서 활발하게 살리는 거예요. 그리고 이러한 활동에는 돈이 든답니다!

그런데 왜 구글이나 위키피디아를 검색하고 페이스북 계정을 만드는 데는 돈이 안 드는 걸까요?

인터넷은 사방이 광고!

동영상을 보기 전에, 음악을 듣기 전에, 신문 기사 옆에…… 인터넷은 사방이 광고예요. 인터넷 사용자가 이렇게 광고 영상을 보거나 광고 배너를 클릭할 때마다 사이트로 돈이 들어와요.

안타깝게도 이 때문에 인터넷 기업이 자기네가 제공하는 콘텐츠의 질보다 광고를 많이 보게 하는 쪽으로만 신경을 쓰기도 하지요. 광고를 껐

여러분의 데이터는 아주아주 비싸다는 사실!

구글과 페이스북이 그렇게 돈을 잘 버는 이유는 광고 때문이지만 그게 다는 아닙니다!
우리가 검색을 하거나 온라인으로 뭔가를 시청하는 동안 웹사이트는 우리를 연령, 성별, 국적, 관심사 등으로 따져서 분류를 합니다. 그러면 어떤 브랜드가 어느 한 집단을 특정해서(가령, K팝에 관심이 많은 10세에서 15세 사이의 청소년이라든가) 그 집단의 데이터를 돈을 주고 사들일 수 있지요.

는데 또 광고가 나온다든가, 광고가 아닌 것처럼 위장하든가, 그냥 사이트 전체를 광고로 도배하든가……. 그래서 어떤 사람들은 아예 광고 차단 기능을 사용하기도 하지요.

여러분도 새 운동화를 사려고 검색을 하다가 다른 웹사이트로 넘어갔는데, 조금 전에 찾아봤던 그 운동화 광고가 바로 뜬 적이 있지 않나요? 여러분이 관심을 갖고 있는 것에 의해 표적이 된 것이랍니다.

네티즌의 너그러움에 호소하기

흔한 일은 아니지만 네티즌의 직접 기부로 운영되는 웹사이트들이 있어요. 예를 들어 위키피디아는 가끔 기부를 요청하는 메시지를 띄우는데요. 이 온라인 백과사전은 최대한 중립적인 입장에 서기 위해 광고를 싣지 않고 네티즌들의 너그러움에 호소하지요.

일부 인터넷 신문도 마찬가지 이유에서 이러한 수익 모델을 채택하고 있습니다.

완전히 무료는 아닌……

그냥은 무료이지만, 어느 선 이상의 서비스에는 돈을 받는 웹사이트들도 있어요. 누구나 웹사이트에 접근할 수 있으나 모든 콘텐츠를 이용하려면 돈을 내야 하는 거지요.

온라인 게임이 특히 이런 전략을 많이 씁니다. 처음에는 무료로 게임을 하지만 아이템을 구입하고 레벨을 빨리 올리려면, 혹은 다음 단계로 넘어가려고 하면 돈을 내야 하는 방식이에요.

로봇이 우리 일자리를 다 뺏어 갈까요?

방이 너무 엉망진창이라서 로봇도 금방 나가떨어졌어!

지치지 않는 일꾼

로봇은 사람이 하는 일 가운데 어떤 것을 대신할 수 있게끔 프로그래밍이 되어 있는 기계입니다. 지금도 공장에서는 기계 팔이 사람이 하는 수고를 대신하고 있지요.

이러한 산업용 로봇은 위험하거나 반복적인 일을 사람보다 빠르고 정확하게 수행할 수 있어요. 게다가 로봇은 월급을 받지도 않고, 컴컴한 곳에서도 작업할 수 있고, 또 휴가도 필요 없지요……. 그런 면에서는 사람이 절대로 경쟁 상대가 되지 못해요!

최고의 외과의 로봇

요즘은 병원에서도 로봇이 많이 쓰입니다. 주로 수술실에서 메스를 들고 정교한 작업을 해내곤 하지요. 지금은 로봇이 외과 의사의 통제와 조작을 통해서 사용되는데요. 로봇은 손떨림이 없어서 동작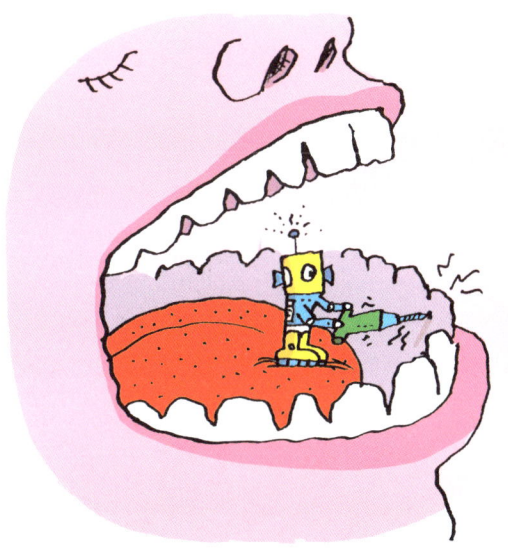에 오차가 거의 없기 때문에 섬세하고 정확한 수술에 적합하다고 해요.

미래에는 의사들이 환자의 몸속에 나노 로봇을 넣어 병을 치료할 수도 있을 거예요. 그때는 나노 로봇이 암세포를 직접 제거하는 것도 가능하겠지요.

위대한 탐험가 로봇

우주 여행은 흥미진진한 모험이지만 사람한테는 매우 위험할 수 있어요. 그래서 1970년 이후로 과학자들은 태양계를 탐사하는 우주선에 사람 대신 로봇을 태워 보냈지요.

지금도 화성에서 두 대의 로봇이 자기네가 관찰한 내용을 과학자들에게 보내 주고 있답니다. 이 로봇들은 미처 예측하지 못한 상황에 자동으

로 대처할 수도 있어요. 위급한 상황이 닥쳤을 때 화성에서 보낸 신호가 지구에 도착한 다음, 지구에서 내리는 지시가 다시 화성에 도착할 때까지 무작정 기다릴 순 없잖아요!

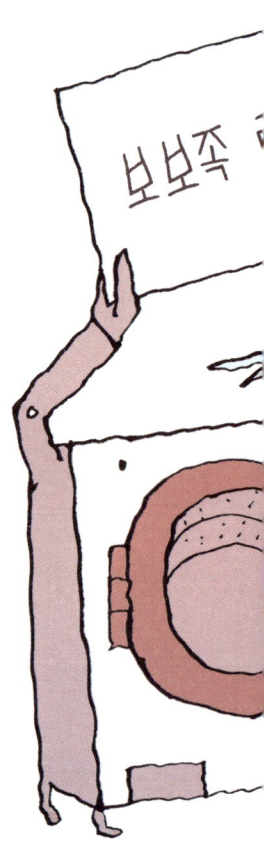

매혹적이지만……, 우리를 불안하게 하는 일꾼들!

'로봇'이라는 단어는 로봇이 만들어지기 전에 나왔다는 것 아세요? 이 단어는 '강제 노동'을 뜻하는 체코어 '로보타(robota)'에서 비롯되었어요.

1920년에 카렐 차페크가 희곡에서 노동자로 쓰기 위해 만들어 내는 인간과 비슷한 기계를 가리키는 뜻에서 이 단어를 맨 처음 썼습니다. 그런데 이 연극 속에서 로봇은 마냥 인간에게 고분고분하지만은 않아요. 중반부에서 인간을 상대로 반란을 일으키지요…….

집안일도 문제없어!

집안일을 돕는 로봇들도 이미 나와 있습니다. 하지만 아직은 초보적인 수준에 지나지 않지요. 대개 바닥을 돌아다니면서 먼지를 흡입한다든가, 걸레로 바닥을 닦거나, 잔디를 깎는 정도의 일을 하거든요. 바닥에 널려 있는 물건을 제자리에 정리하는 일은 적어도 앞으로 몇 년은 더 여러분이 직접 해야 할 겁니다!

 사물 인터넷 시대에선 개인 정보가 돈이라고요?

지금은 스마트 시대!

인터넷과 연결된 시계는 여러분이 하루에 몇 걸음이나 걸었는지를 알려 줍니다. 그걸 보고 여러분은 하루 동안의 운동량이 충분한지, 아니면 좀 더 해야 하는지 알 수 있지요!

스마트 스피커, 스마트 텔레비전, 스마트 자동차……, 이 사물들에는 공통점이 있어요. 바로 인터넷과 연결되어 정보를 보낼 수도 있고 받을

수도 있다는 것이지요. 그래서 실시간으로 데이터를 적절히 활용할 수 있답니다!

 이런 걸 '사물 인터넷(IoT, Internet of Things)'이라고 하는데요. 인터넷을 통해 정보를 수집하고 교환하는 상호 연결된 물리적 장치의 네트워크를 말해요. 이러한 장치는 컴퓨터와 스마트폰을 넘어 냉장고, 스마트워치, 홈 보안 시스템, 산업용 센서에 이르기까지 널리 쓰이고 있어요.

디지털 동반자와 함께

 인터넷과 연결된 사물은 일상을 좀 더 수월하게 할 수 있게 해요. 가령, 음성 인식 스피커는 지금 몇 시인지 물어보면 대답을 해 주고, 듣고 싶은 음악을 말하면 곧바로 틀어 주거든요. 대화하는 재미도 쏠쏠하고, 또 여러분의 시간을 절약

해 주기도 하지요. 그 밖에도 컴퓨터, 태블릿, 스마트폰을 원격 조종할 수 있는 사물도 있어요. 이러한 사물을 '스마트 오브젝트'라고 한답니다.

집 밖에서도 척척!

 집 안에서 연결된 사물들의 수가 점점 늘어나고 있습니다. 이러한 기술을 '홈 오토메이션'이라고 불러요.

그 덕분에 우리는 집 밖에서 스마트폰으로 냉방, 난방, 조명을 조절할 수 있고, 누가 집에 들어오고 나가는지도 확인할 수 있어요. 이러한 기술 혁신은 일상을 좀 더 편안하고 안전하게 해 주고, 에너지도 절약하게 해 주지요.

내 정보가 술술~

연결된 사물을 사용하면 개인 정보가 아주 많이 수집됩니다. 디지털 기업들에게는 이러한 정보가 곧 돈벌이가 되지요. 예를 들면 광고 회사 같은 곳에 이 정보를 팔 수도 있고요.

앗, 여러분이 제일 좋아하는 가수의 콘서트 티켓을 살 수 있는 정보를 받았다고요? 그렇다면 여러분이 모르는 사이에 스마트 스피커가 한몫을 했는지도 몰라요!

내 정보가 곧 돈이라고?

스마트 기기를 이용해 수집되는 정보는 대부분 돈이 됩니다. 따라서

머리부터 발끝까지

2020년 기준으로 지구상에서는 인터넷과 연결된 사물이 500억 개나 존재한다는 집계가 나왔습니다. 그렇다면 한 사람당 평균 6개 이상을 쓰고 있다는 얘기가 되겠지요. 이 수치도 놀랍지만 앞으로 몇 년 사이에 인터넷 연결 사물의 수는 훨씬 더 늘어날 것으로 보입니다.

인터넷 해적들의 표적이 될 확률도 높지요. 인터넷 해적들이 개인 정보를 훔치거나 엉뚱한 곳으로 보내는 일은 결코 드물지 않아요. 심지어 남의 집 스마트 기기를 원격 조작하는 것도 가능하답니다. 따라서 스마트 기기를 수시로 업데이트하고 잘 관리하는 것이 중요해요.

네티즌이 만드는 백과사전이 있어요?

저마다 할 말이 있지만

누구든지 인터넷에 자기가 하고 싶은 말을 쓸 수 있어요. 이건 새로운 사실이 아니지요.

소셜 네트워크가 등장하기 전에도 네티즌들은 인터넷에서 활발하게 의견을 주고받고 관심사를 공유하고 메시지를 전파했습니다. 여러 명에게 동시에 보내는 이메일, 특정 주제를 다루는 인터넷 카페나 인터넷 게시판을 이용했고, 그다음에는 블로그가 등장하면서 개인 웹페이지를 만들기가 쉬워졌지요.

온라인 백과사전, 위키

위키가 뭔지 아나요? 네티즌이 함께 인터넷에 글을 쓸 수 있는 사이트입니다. 위키는 주어진 주세와 관련된 모든 정보를 수집하기에 가장 좋은 수단이에요.

가장 널리 알려진 위키피디아는 수백만 네티즌이 수십 개 언어로 함께 만드는 온라인 백과사전이지요. 학자들의 연구에 따르면 영문 위키피디아는 종이책으로 제작되는 백과사전과 비교해도 오류가 더 많지 않다고 해요. 이처럼 네티즌들이 힘을 합치면 대단한 일을 해낼 수 있답니다!

경고 : 베낌 주의

만약 모두가 인터넷에 글을 쓴다면 어떤 사람은 악의를 품고 사실이 아닌 것을 쓸 수도 있겠지요. 가령 위키피디아에도 이상한 글을 쓰거나 어떤 스캔들을 덮으려고 글을 쓰는 사람들이 늘 있어요.

2008년에는 프랑스의 어떤 학생이 올더스 헉슬리의 《멋진 신세계》에 대한 위키피디아 페이지를 베껴서 과제로 제출해 놓고는 그 사실을 덮기 위해 위키피디아의 해당 페이지를 다시 쓰는 일이 있었어요. 그러므로 인터넷에서 읽은 내용을 신중하게 대하고 다른 출처에서도 정보를 꼭 확인해 보는 자세가 필요합니다.

십 년 후 초등학생의 하루는 어떤 모습일까요?

아침에 눈을 뜨면 체크, 체크!

매일 아침 일어날 시각이 되면 인터넷에 연결된 매트리스가 서서히 작동하면서 여러분의 기상을 돕습니다. 욕실에 가면 전신 거울이 여러분을 머리부터 발끝까지 스캔하고요. 건강 상태에 이상이 없는지 확인한 뒤, 여러분의 가상 건강 다이어리를 업데이트해요.

오늘 아침 체온은 36.6도! 열이 높지 않으니 학교에 가도 되겠습니다. 샤워를 하는 동안 샤워 부스 벽에는 오늘 아침의 최신 뉴스가 뜹니다. 세상이 어떻게 돌아가는지 알고 살아야 하니까요! 손목에 스마트 워치를 찬 뒤, 비행 보드를 타고 즐거운 하루를 보내러 집에서 나갑니다.

여기가 바로 디지털 1열!

오늘 아침 1교시는 영어 수업입니다! 여러분은 동시 통역 앱을 통해서 자기가 좋아하는 대화 상대와 즐겁게 얘기를 나눕니다. 사회 시간에는 경주 유적지를 가상 방문합니다. 교실에 비치된 가상 헬멧을 머

> **홀로그램 선생님?**
>
> 홀로그램이라는 단어를 이미 들어 본 적이 있을 겁니다. 삼차원 이미지를 영사하여 마치 그 사물이나 인물이 실제로 눈앞에 있는 것 같은 인상을 주는 것이 홀로그램이지요. 현재 홀로그램 기술은 빠르게 발전하고 있어요. 이제 몇 년 후에는 학교 수업이 선생님을 대면하지 않고 홀로그램으로 진행될지도 모릅니다. 여러분은 어떻게 생각하나요? 무엇이 꿈일까요, 악몽일까요? 그러한 교육은 과연 효과적일까요?

지금의 SF가 현실이 된다면, 미래의 SF는 어떤 것이 될까?

리에 쓰기만 하면 되지요.

그다음에는 실과 수업입니다. 학교에 3D 프린터가 있기 때문에 여러분은 자신이 상상하는 로봇의 부품을 직접 만들어 볼 수 있습니다.

앱 하나만 있으면 점심 걱정 뚝!

오전을 알차게 보냈으면 점심을 먹어 볼까요? 급식 시간에는 개인 맞춤형 식판에 음식이 준비되어 있습니다. 가상 건강 다이어리 최신 데이터와 여러분의 취향을 고려한 식단이지요. 오늘은 혈당이 조금 높아서 탄산음료가 빠지고 천연 요구르트가 디저트로 나옵니다.

갑자기 스마트폰이 진동을 하네요. 여러분에게 추천하는 식단 광고입니다. 하여간 잠시도 인터넷의 추적에서 벗어날 수 없다니까요!

아무 연결 없는 저녁 시간!

집에 돌아온 여러분은 최신 유행 SNS에 접속해서 친구들을 만납니다. 그동안 스마트 스피커는 여러분이 좋아하는 노래를 틀어 줍니다. 스

마트폰은 오늘 하루 사용 시간을 초과했기 때문에 절전 모드로 넘어간다는 신호를 보내 줍니다. 잠자리에 들 때도 됐으니, 마침 잘됐네요.

여러분은 책 한 권을 들고 침대에 듭니다. 방의 벽지가 나이트 모드로 바뀌면서 한결 평화롭고 차분한 분위기가 되었습니다. 이제 모든 연결에서 벗어나 좋은 꿈을 꾸세요……!

3D 프린터는 어떻게 작동하는 거예요?

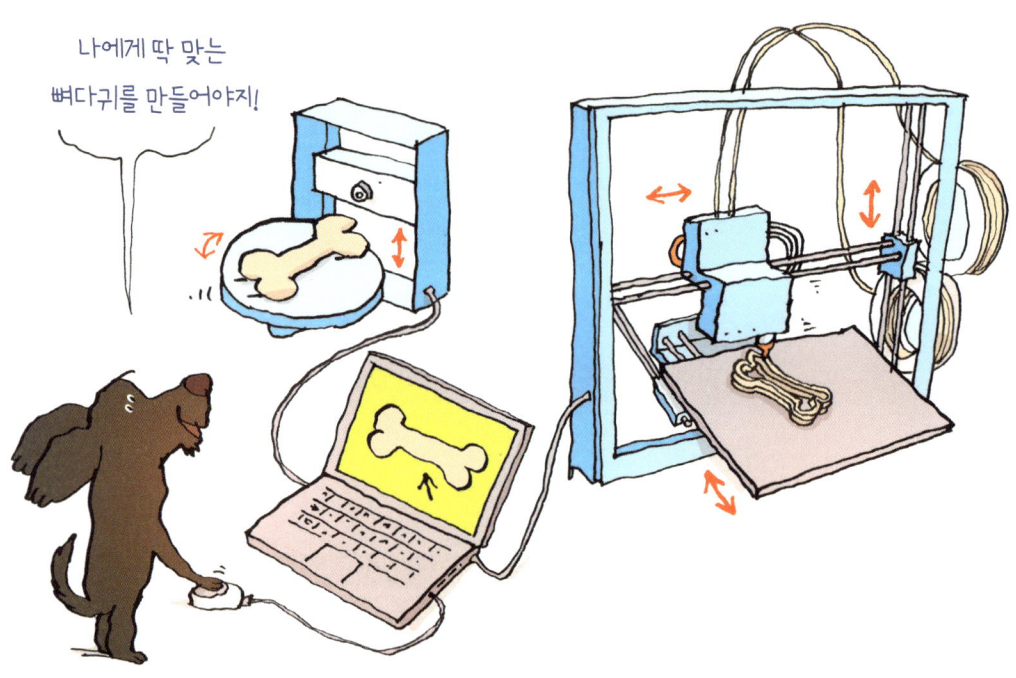

이것이 바로 삼차원 혁명!

삼차원 프린팅은 재료, 가령 플라스틱 따위로 사물을 직접 만들 수 있는 혁명적 기술입니다. 그 원리가 뭘까요? 재료를 200도 가까운 고온에서 녹인 후에 프로그래밍되어 있는 모델대로 한 겹 한 겹 출력하고 쌓아서 입체를 구성합니다. 3D 프린팅이 제공하는 가능성들은 우리의 소비 방식을 혁명적으로 바꿀 수 있답니다. 간단하게 조작 가능한 프린터로 장난감을 직접 만들거나 망가진 물건을 고칠 수 있거든요.

컴퓨터 게임 조종기 손잡이가 부러졌다고요? 조종기를 버리지 않고 손잡이만 프린팅해서 쓸 수 있어요. 앞으로는 금속, 나무, 유리로도 3D 프린팅을 할 수 있을 겁니다. 여러분이 직접 액세서리나 가구를 원하는 모양과 크기로 만들어 쓸 수 있어요.

누구나 할 수 있어!

아직은 자기 집에 3D 프린터를 가지고 있는 사람이 많지 않아요. 그

래서 3D 프린터를 대여하거나 사용 가능한 공간에 가야 하지요. 친구들과 함께 뭔가를 만들어 보는 과정에서 여러분은 충분히 발전할 수 있어요. 팀워크보다 더 좋은 것은 없어요!

3D 프린팅을 하려면 3D 프린터에 전달할 모델이 있어야 해요. 이러한 모델은 인터넷에서 무료로 얻을 수 있어요. 여러 종류의 파일을 제공하는 전문 웹사이트들이 있답니다.

3D 모델링 소프트웨어를 이용하여 여러분이 직접 그러한 모델을 만들어 볼 수도 있어요. 3D 스캐너는 기존의 물건을 스캔해서 그대로 만

만들기 연구소에 오신 것을 환영합니다.
뭐든지 편하게 쓰세요!

들어 내는 데 도움이 됩니다. 가령, 여러분이 제일 좋아하는 피규어를 복제할 수도 있겠지요!

익스프레스 하우스

3D 프린팅 기술로 집을 만들어 낼 수도 있습니다. 거대한 기중기 크기의 3D 프린터가 플라스틱 대신 콘크리트를 써서 집을 출력한다고 상상해 보세요! 이 방법으로는 불과 몇 시간 만에 벽을 다 세울 수도 있을 겁니다. 예를 들어, 자연재해로 집을 잃은 사람들에게 신속히 대피소를 만들어 줄 때, 혹은 독창적인 형태의 집을 지을 때는 꽤 유용하겠지요?

가상 현실과 증강 현실은 뭐가 달라요?

우아, 나는 마추픽추를 날아다니는 콘도르다!

가상 현실 헬멧을 쓰면

'가상 현실(Virtual Reality)'은 디지털 유니버스를 돌아다닐 수 있게 해 주는 기술입니다. 최초의 가상 현실 헬멧은 1970년대에 처음 나왔어요. 두 개의 화면을 통해서 가상의 풍경이 눈앞에 있는 것 같은 인상을 줄 수 있었고, 그 후로 물건을 집을 수 있는 특수한 안경이나 조종대 같은 것이 개발되었지요.

가상 현실을 이용하면 온갖 종류의 경험을 실패나 안전을 걱정하지 않고 해 볼 수 있어요. 비행기 조종사처럼 어려운 상황을 반복적으로 경험할 필요가 있거나 외과 의사처럼 수술 경험이 많을수록 실력이 쌓이는 직업군에서는 가상 현실을 이용한 연습이 이제 필수가 되어 가고 있답니다.

증강 현실?

가상 현실과 증강 현실을 혼동해서는 안 됩니다. 증강 현실은 현실 세계에 가상적 요소를 더한 것입니다. 포켓몬 고를 이용해서 현실에서 포켓몬을 찾을 수 있는 것이 그 예인데요. 증강 현실도 가상 현실과 마찬가지로, 게임 외의 방식에도 적용됩니다. 2012년에 구글은 증강 현실용 안경을 선보이기도 했지요. 대중에게는 너무 일찍 소개된 감이 있지만 일부 직업, 특히 의료인들에게는 이런 종류의 안경이 요긴하게 이용되고 있어요.

아, 빨간 두건 소녀는 증강 현실이었지.

조금도 겁낼 필요 없어

공포증 때문에 고생하고 있다고요? 가상 현실을 통해 공포증을 가지고도 좀 더 편하게 사는 법, 나아가 치료하는 법까지 찾을 수 있답니다! 예를 들어 거미 공포증이 있는 사람이 안심되는 환경 안에서 아주 작고 무해한 거미부터 크고 징그러운 거미까지 단계적으로 접하는 훈련을 가상 현실로 해 보는 거예요. 이 방법으로 거미 공포증을 어느 정도 완화하거나 물리칠 수 있답니다.

좀 더 아름다운 현실로 들어가기

가상 현실은 사용자가 예술 작품 속으로 들어가게 할 수 있어요. 이러한 기술은 새로운 예술 형식들에 길을 열어 주었지요. 어쩌면 여러분도 미술관에서 이미 가상 현실 체험을 해 보았는지도 모르겠네요.

게임 산업도 이 기술을 적극적으로 개발하고 활용하고 있어요. 그렇지만 지금 당장은 가상 현실을 이용할 수 있는 장비를 갖추고 있는 사람이 많지 않아요.

시간이 더 필요해

아직은 가상 현실 헬멧이나 안경이 너무 비싸고 실용성이 있다기보다는 신기한 장난감처럼 여겨지기 때문이에요. 게다가 모두가 화면에 시선을 고정한 상태로 있고 싶어 하지도 않고요.

어떤 사람은 가상 현실 체험을 하면서 '멀미'를 느끼기도 해요. 실제로 우리의 뇌는 시각과 운동에 대한 균형 감각이 일치하지 않을 때 어지럼증과 구토를 유발한답니다.

이모티콘은 누가 맨 처음 만들었나요?

나는 제페토 할아버지가 만들었어. 넌 누가 만들었니?

선사 시대 사람들이 동굴 벽에 남긴 그림도 이모티콘 아닌가?

이모티콘, 세계를 정복하다

이모티콘은 1990년대 말에 일본에서 처음 전화로 문자를 보내던 때부터 나왔어요. 그렇지만 이모티콘이 세계적으로 널리 퍼진 것은 아이폰과 안드로이드폰의 자판에 등장하면서부터예요.

처음에는 이모티콘을 다 합쳐도 팔십 개밖에 안 됐지만 지금은 삼천

개가 넘어요. 이모티콘으로 세상의 다양한 요소를 마음껏 표현할 수 있답니다.

이모티콘으로 말해 봐

이모티콘은 원래 문자로 작성하는 메시지에 곁들이는 용도로 쓰였지만, 지금은 거의 하나의 언어처럼 쓰이고 있습니다.

2015년에는 '이모지(이모티콘)'이라는 단어는 옥스퍼드 영어사전이 선정한 '올해의 단어'가 되기도 했지요. 친구에게 '정말 재미있다'라든가

'슬퍼'라고 쓰기보다는 그러한 감정을 표현하는 이모티콘을 쓰는 편이 더 빠르고 인상적이지요!

이모티콘이 분란을!

이모티콘은 재미있고 무해해 보이지만, 이따금 분란을 일으키기도 합니다.

그래서 아이폰은 지나치게 폭력적으로 보이는 권총 모양 이모티콘을 물총 모양으로 바꾸기도 했지요. 복숭아 이모티콘도 엉덩이를 연상시킨다는 이유로 디자인이 바뀌었고요. 하지만 사용자들은 새로운 복숭아 이모티콘을 별로 좋아하지 않는다나요!

이모티콘 때문에 감옥에 갔다고?

인터넷에 글을 쓸 때는 조심해야 한다고 했지요? 이모티콘도 아무 생각 없이 사용해서는 안 돼요. 2016년에 어떤 프랑스 남성은 전 여자 친구에게 권총 이모티콘을 보낸 일 때문에 6개월 징역형을 받았답니다. 판사는 이 이모티콘이 살해 협박에 해당한다고 보았기 때문에 그러한 선고를 내린 거예요.

나만의 이모티콘을 만들 수 있을까?

'왜 이럴 때 쓰는 이모티콘은 없는 거야?'라는 생각을 했던 적이 있나요?
여러분이 직접 이모티콘을 만든 다음, 승인을 요청할 수 있어요. 가령, 초콜릿 빵 이모티콘이 있으면 좋겠다는 생각이 들었다면 얼마든지 여러분이 직접 만들어서 제안할 수 있답니다. 하지만 이모티콘을 승인받기가 쉽지는 않아요. 카카오톡을 예로 들면, 누구나 쉽게 '카카오 이모티콘 스튜디오'를 통해 제안이 가능해요. 하지만 많은 사람들이 탈락의 슬픔을 맛보고 있지요.
그 이모티콘이 네티즌들의 요구에 부응한다는 사실을 입증해야 하고, 사람들이 온라인에서 초콜릿 빵 이야기를 많이 한다는 사실도 증명해야 해요. 또 그 이모티콘이 어떠한 맥락에서 쓰일 것인지 예측해야(간식 먹을 시각을 알리는 표시라든가) 하거든요. 이 이모티콘에 어떠한 특징이 있어야 초콜릿 빵이라는 것을 잘 알아볼 수 있을지도 생각해 봐야 하고요!

부모님들은 왜 자꾸 컴퓨터를 끄라고 해요?

잠시 꺼 두어도 좋아!

컴퓨터 덕분에 여러분은 심심할 겨를이 없어요. 친구들과 계속 카카오톡을 하고, 재미있는 동영상을 시청하고, 흥미로운 것을 배울 수도 있지요. 어떨 때는 스마트폰에 푹 빠져서 시간이 가는 줄도 모를 정도로요. 그렇지만 여러분에게 유익한 다른 활동도 많이 있다는

것을 기억하세요!

다양하고 균형 잡힌 활동을 하고 여러 가지 관심사를 골고루 유지하는 것이 중요합니다. 그러한 자세를 '자기 조절'이라고 해요.

그러니까 태블릿을 한참 들여다봤다면 그만 끄고 종이책을 펼친다든가, 피아노를 친다든가, 밖에 나가 운동을 한다든가, 친구들과 만들기 놀이를 하는 게 어때요?

모두의 참여가 중요해!

텔레비전처럼 수동적으로 보기만 하는 매체가 있는가 하면 인터랙티브, 즉 여러분이 상호 작용에 참여할 수 있는 매체도 있어요. 전자보다는 후자가 여러분의 주의력을

요구하지요. 하지만 가장 중요한 것은 여러분의 나이에 적합한 프로그램이나 게임을 선택하는 거예요.

스스로 배울 수 있어!

부모님이 컴퓨터를 끄라고 할 때마다 이해받지 못하는 기분이 드나요? 여러분이 가장 좋아하는 앱이 무엇무엇이고, 그 앱으로 무엇을 하는지 부모님께 설명해 보세요.

여러분이 태블릿이나 스마트폰으로 재미있으면서도 유익한 활동을 적정 시간만큼만 하고 있다면 부모님도 기뻐하고 이해해 주실 거예요.

> **병자들을 돌보는 데도 도움이 돼!**
> 어떤 의사 선생님들은 환자들의 불안을 달래기 위해 앱을 사용해요. 예를 들어, 아주 어린 아이가 수술을 받게 되었다면 앱을 이용해 슈퍼 히어로가 되었다는 상상을 심어 주지요. 그러면 아이는 잠시나마 자기 병을 잊고 훨씬 마음을 편안하게 가질 수 있어요. 이처럼 어떤 상황에서는 앱이 약보다 더 좋은 일을 해 줄 수 있답니다.

어쩌면 여러분이 부모님에게 스마트폰을 잘 활용하는 법을 알려 드리게 될지도 몰라요!

블루라이트는 이제 그만!

한밤중에, 특히 잠들기 전에는 스마트폰이나 태블릿을 오래 들여다보지 않아야 해요. 왜냐고요? 이러한 기기에서는 블루라이트가 뿜어 나오거든요.

블루라이트는 우리 눈에 직접 보이지 않지만 우리 뇌에 작용해서 뇌 기능을 교란합니다. 잠자리에 들 시각이 지났는데도 졸리지 않은 것 같다고요? 블루라이트 때문에 뇌가 착각하고 있는 거랍니다. 잠을 푹 자는 가장 좋은 방법은 스마트폰이나 태블릿은 거실에 놓아두고, 침대에서는 종이책을 잠시 읽다가 잠드는 거예요.

 컴퓨터 게임은 누가 처음 시작했어요?

올림포스의 신이 만들었을걸!

비디오 게임의 창시자, 랠프 베어

체스 게임이나 테니스 시뮬레이션 게임은 최초의 컴퓨터가 등장하고 나서 얼마 지나지 않아 나왔어요. 개발자들은 재미를 위해 게임을 만들기도 했지만, 테스트나 시연 목적의 게임도 만들었지요.

랠프 베어는 비디오 게임, 즉 화면을 보면서 하는 게임의 아버지라고 할 수 있는 미국의 발명가입니다. 그는 최초로 텔레비전과 작은 상자 형태의 게임기를 연결하여 비디오 게임을 구현했지요. 그의 연구는 1972년에 최초의 가정용 게임기 '오디세이'라는 결실을 낳았습니다.

비디오 게임은 1970년대부터 본격적으로 발전했어요. 그 당시에는 주로 오락실에서 화면이 딸린 커다란 기기를 가지고 게임을 했지요. 이러한 게임기는 보통 동전을 넣어서 작동시켰습니다.

자, 여기 우리의 선사 시대 조상님이 계시네요.

배관공 슈퍼 마리오의 뒤를 이을 피자 장인 슈퍼 엔조다!

게임 전쟁

1980년대에 비디오 게임 시장은 그리 형편이 좋지 않았습니다. 그렇지만 일본의 닌텐도사는 바로 이 시기에 NES(Nintendo Entertainment System, 닌텐도 엔터테인먼트 시스템)를 출시했어요. NES는 스타 게임 〈슈퍼 마리오〉가

대박을 터뜨리면서 세계적인 성공을 거두었습니다.

세가도 닌텐도를 따라 마스터 시스템을 내놓고 마스코트 '소닉'에게 성공의 기대를 걸었지요. 십여 년 동안 수염 난 배관공과 파란색 고슴도치가 사용자들의 마음을 사로잡기 위해 끊임없이 싸웠습니다. 그러다 1990년대부터는 플레이스테이션(소니), 엑스박스(마이크로소프트)와 같은 강력한 경쟁자들이 새로이 등장했지요.

모두를 위한 게임

현재 비디오 게임은 여러 형태로 나오고 있습니다. 게임기나 컴퓨터로 하는 게임도 있고, 태블릿이나 스마트폰에서 하는 게임도 있지요. 여러분은 이런 게임을 혼자 할 수도 있고, 친구들과 함께할 수도 있고, 온라인으로 할 수도 있고, 가상 헬멧을 쓰고 하는 경우가 있는가 하면, 조이스틱을 이용하는 게임도 있습니다.

어떤 게임은 빠른 손놀림이 중요하고, 또 다른 게임은 머리를 쓰거나 인내심을 발휘해야 합니다. 누구나 자기 취향에 맞는 게임을 선택할 수 있어요!

나는 나중에 날아다니는 배관공이 될래요.

나는 나중에 파란색 고슴도치가 될래요.

게임은 누가 만들까?

어떤 비디오 게임에는 할리우드 영화 뺨치는 제작비와 제작 기간이 필요합니다. 게임 디자이너, 프로그래머, 시나리오 작가 등 다양한 전문가도 필요하고요. 그렇지만 적은 예산과 소규모 팀으로 만들어지는 게임도 있어요. 〈마인 크래프트〉처럼 초기에는 거의 혼자 만들다시피 했지만, 엄청난 영향력을 갖게 된 게임도 있고요.

디지털 생활이 지구 환경에 나쁜 거예요?

우리 모두의 책임!

단순한 인터넷 검색에도 전기 주전자로 물 1리터를 끓이는 것만큼의 에너지가 필요합니다. 쓸모없는 이메일 삼십 통을 지우지 않고 남겨 두면 전구를 스물네 시간 켜 놓는 것만큼 에너지를 낭비하게 되어요. 그러니까 여러분이 컴퓨터 앞에서 하는 모든 일이 지구 온난화에 영향을 미칩니다! 이 사실을 아는 것이 중요합니다. 그리고 책임 있는 자세로 행동하는 게 좋겠지요. 디지털 생활에도 절제가 있어야 해요.

컴퓨터 집약 사육?

데이터 센터(혹은, 서버팜)라는 말을 들어 본 적 있나요? 데이터 센터는 우리의 디지털 일상을 떠받치는 서버들을 한데 모아 놓은 곳입니다. 이곳은 스물네 시간 내내 돌아가야 하지요! 이 서버들에 전력을 공급하고 온도를 맞춰 주는 일에는 어마어마한 에너지가 듭니다. 마이크로소프트

같은 기업들은 데이터 센터를 물속에 건설하고 수력 에너지를 공급한다든가 하는 방법으로 공해를 줄여 보려고 노력하고 있어요.

스마트폰에 금이 들어 있다고?

스마트폰을 만드는 데는 돈이 많이 들어요. 일단 플라스틱, 유리, 세라믹 외에도 40종의 금속이 필요하지요. 이 금속 가운데 어떤 것은 매우 희귀합니다. 소량이긴 하지만 금도 들어가거든요.

금속은 채굴과 정련을 해서 얻을 수 있습니다. 이 과정에서 토양과 물이 오염되고 자연이 파괴되지요. 스마트폰 한 대가 설계되는 순간부터 실제로 상점에서 판매되기까지는 지구를 네 바퀴 도는 여정을 거친다고 하네요.

산 지 얼마 안 됐는데 벌써 한물갔다고?

'계획적 구식화'라는 말을 들어 보았나요? 지금은 금지되었지만 한동안 디지털 업계의 거인들이 실제로 사용했던 수법이지요. 그 기업들은 튼튼하게 만들 수 있는 제품을 의도적으로 수명이 짧게 만들어서 소비자가 새 상품을 사게끔 유도하곤 했습니다. 아깝지도 않은지! 디지털 기업들은 새로운 것과 혁신을 향해 미친 듯이 달려가느라 자연 보호를 소홀히 하곤 하지요…….

쓰레기 산이 되지 않도록 주의!

컴퓨터, 스마트폰, 게임기도 재활용이 가능합니다. 하지만 이런 기기의 재활용은 무척 까다롭지요! 부품을 분리해서 재활용할 수 있는 것들만 골라 내고 유해한 요소는 따로 처리해야 하거든요. 이러한 작업은 대개 경제적으로 여건이 좋지 않은 나라의 노동자들이, 사람에게나 자연에게 위험할 수 있는 작업 여건 속에서 해내고 있습니다.

> **지구의 숨쉬기를 도울 수 있는 방법**
> 친환경적인 디지털 생활을 실천해 볼까요? 일단 동영상을 낮은 해상도로 보세요. 모든 동영상을 HD 화질로 보아야 할 필요는 없잖아요. 그리고 저장할 필요가 없는 메시지는 지우도록 해요. 저장하는 데이터의 양을 그만큼 줄일 수 있어요. 자주 찾는 웹사이트는 즐겨찾기로 분류해 주고요. 그러면 매번 검색 엔진을 쓰지 않아도 되니까요. 아, 참! 컴퓨터나 태블릿을 쓰지 않을 때는 반드시 꺼 놓아요!

컴퓨터로 초능력을 얻을 수 있나요?

발가락만 까딱하면 온 세상을 만날 수 있지!

이미 얻은 것도 있지

잘 생각해 보면 컴퓨터는 이미 사람들에게 여러 가지 초능력을 준 것이나 마찬가지예요. 스마트폰이나 인터넷만 켜면 다른 나라 말을 번역기를 통해 알아들을 수 있게 되었고, 세상 반대편에서 무슨 일이 일어나고 있는지 실시간으로 알 수 있게 되었잖아요!

미래에 디지털 기술은 우리에게 또 다른……, 어쩌면 무시무시한 능력을 안겨 줄지도 몰라요.

만능 슈트로 천하무적이 되다

'외골격 슈트'라는 말을 들어 보았나요? 옷을 입듯이 신체에 착용하는 장비로서 영화 〈아이언 맨〉에 나왔던 아머과 비슷하다고 할까요? 현재 여러 분야에서 다양한 외골격 슈트를 시험해 보고 있어요. 무거운 짐을 옮길 때 힘이 덜 드는 슈트, 위험한 일을 할 때 부상 위험을 덜어 주는 슈트, 그리고 다리를 쓰지 못하는 사람이 걸을 수 있게 해 주는 슈트도 있답니다.

언젠가는 여러분의 책가방 무게를 덜어 주는 슈트도 나오지 않을까요?

죽고 싶어도 죽을 수 없는

지금은 온갖 종류의 신체 보조 장치가 나오고 있어요. 로봇 팔, 눈처럼 작동하는 카메라, 보청기, 임플란트…… 등등.

아마 몇십 년 후에는 우리 몸의 각 기관을 '교체'할 수도 있을 거예요. 실제로 연구자

불멸의 존재가 된다고?

지금은 뇌 기능을 개선하기 위한 전자칩 이식 연구가 한창입니다. 하지만 우리가 뇌가 어떻게 작동하는지 완벽하게 이해하고 나면 그 이상도 가능하겠지요! 가령, 우리의 뇌를 기계 몸에 안전하게 옮겨 놓을 수 있다면 신체의 부상이나 죽음을 걱정하지 않아도 될 거예요! 그때부터는 불멸의 존재가 되는 것도 헛된 꿈이 아닐지도 모릅니다.

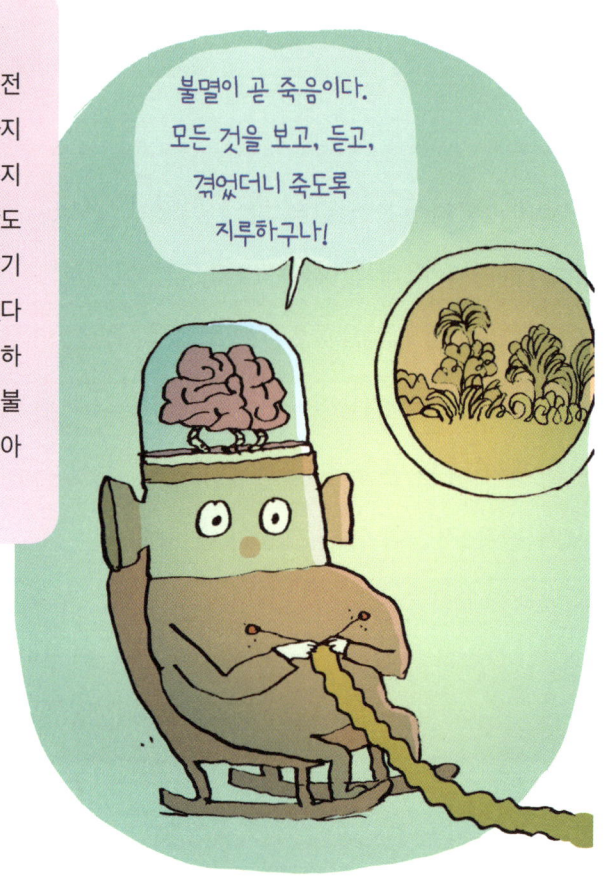

들은 인간의 신체 조직 설계에 이미 3D 프린팅을 활용하고 있거든요!

초능력을 한데 모으면?

디지털 기술로 신체를 보수할 수 있다면 신체의 능력을 강화할 수도 있지 않겠어요? 일부 연구자들은 전자칩 이식으로 이미 놀라운 성과를 보여 주었답니다. 눈에 보이지 않는 사물과의 거리를 파악하거나, 손을 대지 않고도 온도를 가늠하거나, 로봇 팔을 원격 조종하거나, 멀리 떨어져 있는 사람에게 신호를 보내거나……. 이런 게 다 초능력 아닐까요?

나이 들어도 괜찮아

어떤 과학자들은 인간의 평균 수명이 115년을 결코 넘을 수 없다고 봅니다. 하지만 현재 잘 사는 나라 국민의 평균 수명이 80세 정도이니까 아직도 늘려 볼 수 있는 수명은 꽤 되지 않나요?

의사들이 인공 지능을 활용하여 더 유능해지고, 3D 프린팅으로 새로운 신체 기관을 만들고, 나노 로봇으로 암세포를 직접 제거한다면 누구나 백 년은 거뜬히 사는 세상이 올 거예요!

에헴, 115세까지 살면서 치아와 심장, 폐를 다 교체했지만 면도는 한 번도 안 했지!

 디지털 아트의 진짜 작가는 누구인가요?

나도 널 사랑하지만, 이 사랑은 결코 이루어질 수 없어.

새로운 도구들

1950년대 말부터 디지털 도구를 사용하는 예술가들이 등장했습니다. 그렇지만 그들은 작업 방식을 달리했을 뿐 작품의 스타일까지 달리하지는 않았지요.

예를 들어, 앤디 워홀이 아미가 1000 컴퓨터로 만든 작품은 그가 평소에 그렸던 작품들과 그리 다르지 않았어요. 미국의 안무가 머스 커닝햄은 컴퓨터 엔지니어들의 도움을 받아 무용수들의 동작을 캡처해서 안무를 자동 구성하는 소프트웨어를 개발하기도 했지요.

사랑을 전하는 컴퓨터

최초의 컴퓨터가 발명된 이후로 컴퓨터를 예술에 사용해 보려 했던 사람들은 늘 있었어요.

1952년에 크리스토퍼 스타치는 '러브레터'라는 프로그램을 만들 생각을 했습니다. 페란티 마크 1 컴퓨터는 일 년간 이 프로그램에 따라 매일 한 통의 연애편지를 썼지요. 그날그날 떠오르는 몇 개의 단어를 넣어서 편지를 쓰고는 맨 끝에 M. U. I.(맨체스터 대학교 컴퓨터)라는 서명까지 넣었답니다.

오, 멋진데!

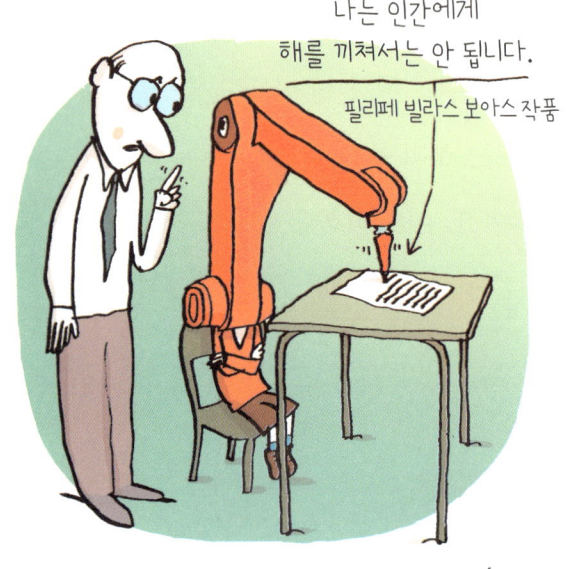

디지털 아트의 세계

디지털 아트로 신기술 없이는 구현이 불가능한 작품들까지 만들 수 있어요. 3D 애니메이션, 웹 소설, 컴퓨터가 그린 그림……. 신기술에 의문을 제기하는 뜻에서 디지털 아트를 이용할 수도 있고요.

가령, 우리가 써먹으려고 만든 기계들이 언젠가 우리를 공격하지는 않을까요? 〈처벌〉이라는 설치 미술 작품에도 이러한 문제 의식이 담겨 있습니다. 이 작품 속에서 로봇 팔은 반성문을 쓰는 초등학생처럼 '나는 인간에게 해를 끼쳐서는 안 됩니다.'라는 문장을 무수히 반복해서 씁니다.

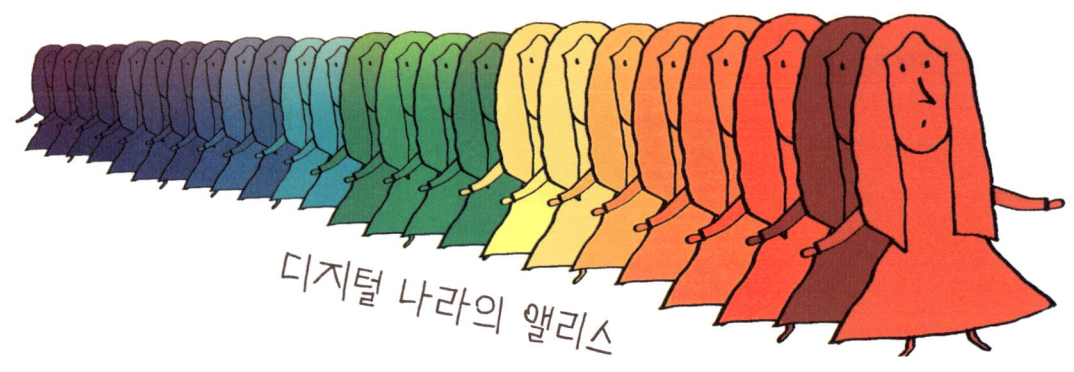

디지털 나라의 앨리스

영원하지 않은 예술

여러분은 미술관에서 수십 년 또는 수백 년 전에 만들어진 작품들을 보았을 거예요. 그런데 디지털 아트는 불과 수십 년 전에 처음 등장했고, 이미 접근할 수 없게 된 것도 많아요. 어떤 작품은 제대로 저장이 되지 않았고, 또 다른 작품들은 요즘 컴퓨터로 읽을 수 없거나 완전히 다른 형태로 구현되어 버리거든요.

진짜 예술가는 누구일까?

디지털 아트는 때때로 우리에게 이러한 질문을 안겨 줍니다. 이 작품들은 과연 누가 만든 걸까요? 아이디어를 낸 예술가? 아니면 실제로 작품을 구현한 컴퓨터?
예를 들어《원 더 로드(1 the Road)》라는 여행 소설은 처음부터 끝까지 인공 지능이 썼습니다. 하지만 로스 굿윈이라는 프로그래머가 그러한 작업을 설계했기 때문에 그 소설이 나올 수 있었던 것이지요. 컴퓨터가 그 소설의 작가라고 한다면〈모나리자〉의 작가가 다빈치의 붓이라고 보는 것과 마찬가지 아닐까요?

흠, 모차르트가 내 덕을 봤지. 〈레퀴엠〉은 내 작품이야!

다빈치도 내 덕을 봤지. 〈모나리자〉는 내 작품이라고!

디지털이 우리의 미래를 확 바꿔 놓을까요?

기계와 도구의 빵집

우리가 하던 일을 모두 기계가 대신할까?

기계, 특히 인공 지능이 발달하면서 이미 반복적이고 힘이 많이 드는 일은 인간이 하지 않게 되었어요. 이것은 좋은 소식이지만 우려스러운 부분도 있지요.

2025년까지 농업, 건설업, 그 외 여러 분야에서 수백만 개 일자리를 기계가 대신하게 된다는데요. 그러면 일자리를 구하지 못해 어려움을 겪는 사람도 늘어날 겁니다.

새로운 일자리가 생길까?

디지털 생활은 새로운 일자리를 만들어 내기도 해요. 새로운 기술이 나오면 그 기술을 판매하고 유지하는 일을 할 사람이 필요하니까요.

기존의 직업들도 디지털 기술을 통해 그 전과는 전혀 다른 모습으로 바뀔 거예요. 가령, 예전에는 마트에 계산원이 꼭 필요했지만, 이제는 자동 계산대가 도입되기 시작했지요. 음식점에서도 사람 대신 로봇이 서빙하는 경우가 많아졌고요. 태블릿이나 키오스크로 주문하는 음식점도 나날이 더 늘어나고 있잖아요.

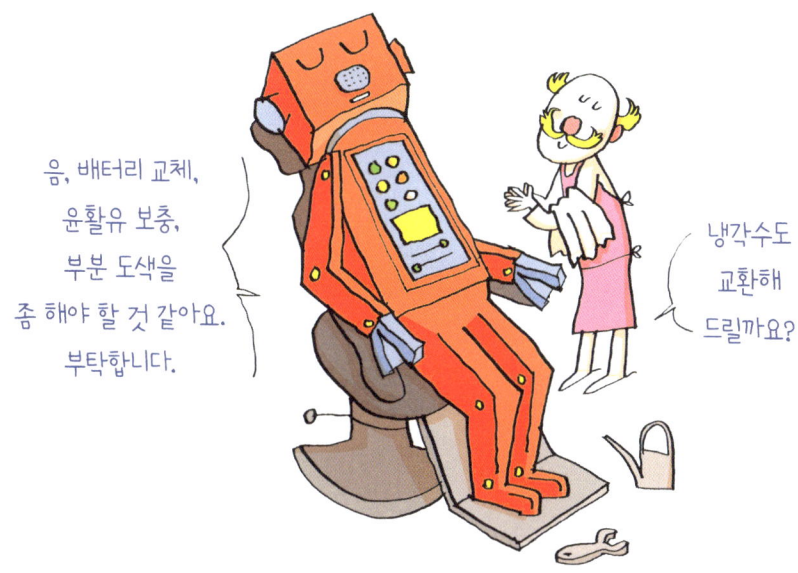

음, 배터리 교체, 윤활유 보충, 부분 도색을 좀 해야 할 것 같아요. 부탁합니다.

냉각수도 교환해 드릴까요?

인공 지능의 역사는 챗GPT 이전과 이후로 나뉜다?

요즘 챗GPT가 엄청 핫한데요. 챗GPT는 오픈에이아이(OpenAI)에서 개발한 대형 언어 모델 중 하나예요. 인공 지능이 말귀와 문맥을 어느 정도 이해하고서 대화를 이어가는 인류 역사상 최초의 기계라고 하지요. 오픈에이아이 플랫폼에 회원 가입을 한 후 채팅하듯이 챗봇에게 질문을 하면 답변을 들을 수 있답니다. 마음에 들지 않으면 다른 답변을 요청할 수도 있고요. 한국어와 영어를 비롯해 세계 여러 나라 말을 지원해요. 이제는 챗GPT로 콘텐츠를 자동으로 빨리, 많이, 잘 생성하는 개인이나 조직이 이기는 시대가 되었다나요? 이는 거의 혁명에 가까울 만큼 충격적이라는 반응들이에요.

여러분은 앞으로 살아가는 동안 이 책을 쓴 저자들이 듣도 보도 못한 새로운 기술들까지 접하게 될 거예요. 어떤 기술은 정말로 혁명적으로 다가올 테고, 또 어떤 기술은 무서운 생각이 들기도 하겠지요. 사회를 바라보는 방식에 따라서 우리는 기술에 희망을 걸기도 하고, 우려를 표하기도 합니다. 그래서 디지털 기술은 종종 격렬한 찬반 논쟁을 불러일으키곤 해요!

빅데이터 시대에서 살아남기?

빅데이터는 신기술 사용으로 발생하는 방대한 정보 일체를 가리킵니다. 이 정보를 잘 분석해서 더 나은 방향으로의 조절에 활용할 수 있습니다.

가령, 전력 생산량을 조절한다든가, 교통 체증을 해결한다든가, 소비 습관을 바꾼다든가……. 이러한 정보는 익명으로 유지되어야 하고 좋은 일에 쓰여야 합니다. 그러지 않으면 재앙이 일어나고 말 테니까요!

미래의 판사님들은?

로봇이 우리 생활에서 점점 더 많은 부분을 차지하면 새로운 문제들이 등장할 거예요.

예를 들어, 로봇은 인간에게 해를 끼치면 안 된다는 원칙이 있는데, 군인 로봇이 적군의 인간을 죽일 수 있을까요? 간호 로봇은 언제나 생존 확률이 높은 환자부터 치료해야 할까요?

자율 주행차는 행인 두 명을 치지 않기 위해 다른 행인 한 명은 칠 수밖에 없다고 결정할까요? 미래의 판사님들은 이런 상황들에서 어떻게 판단을 내려야 할지 골머리를 앓겠네요!

어쨌거나 컴퓨터는 점점 더 성능이 좋아지고 스마트해지고 있지요. 심지어 기계가 인간보다 똑똑해져서 인간의 힘을 빌리지 않고 자기네끼리 또 다른 기계를 만들어 낼지도 모릅니다. 그러니까 정신을 바짝 차리고 있지 않으면 기계한테 완전히 뒤처지고 말 거예요.

알쏭달쏭 디지털 용어 풀이

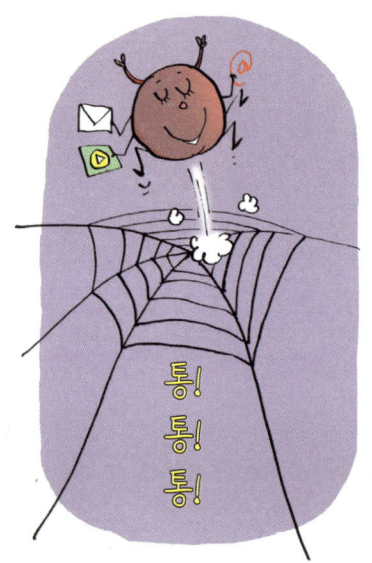

검색 엔진
웹에서 정보를 찾을 때 사용하는 도구입니다. 검색어를 입력해서 원하는 정보를 선별합니다.

내비게이터
컴퓨터, 태블릿, 스마트폰에서 웹사이트들을 둘러볼 때 사용하는 소프트웨어입니다.

바이러스
컴퓨터에 잠입할 수 있는 악성 프로그램입니다. 보통은 안전하지 않은 웹사이트에서 다운로드한 파일이나 미심쩍은 이메일에 첨부된 파일의 형태로 들어오곤 하지요.

버그
어플리케이션이나 디지털 기기를 사용할 때 설계상의 결함으로 발생하는 오류를 가리킵니다. 보통은 업데이트를 통해서 해결할 수 있습니다.

블루투스
케이블 없이 두 개의 기기를 연결하여 데이터를 주고받는 무선 커뮤니케이션 시스템입니다. 흔히 스마트폰에 이어폰이나 스피커 같은 액세서리를 연결할 때 쓰입니다.

소프트웨어

컴퓨터에게 어떻게 과업을 수행하는지 지시하는 프로그램입니다. 어플로 대표되는 응용 소프트웨어는 사용자의 활동을 돕고, 시스템 소프트웨어는 컴퓨터가 잘 작동하도록 돕습니다.

알고리즘

특정한 결과에 도달하기까지 연속적으로 주어지는 지시와 규칙입니다. 예를 들어, 요리 레시피는 정해진 지시에 따라 재료를 조합해 요리를 완성해 나간다는 점에서 일종의 알고리즘입니다.

어플리케이션

사용자가 특정 활동(가령, 동영상 시청)을 할 수 있도록 돕는 응용 소프트웨어입니다. 일상에서는 스마트폰이나 태블릿에 설치하는 소프트웨어들을 가리키며, 흔히 '어플리케이션'이나 '앱'이라고 부릅니다.

와이파이

블루투스보다 빠르고 안전하게 무선으로 기기들을 연결하는 기술입니다. 보통은 인터넷에 접속하기 위해 셋톱박스를 이용해 와이파이를 쓰지요.

운영 체제

컴퓨터를 켜면 작동이 시작되며 컴퓨터 자원을 관리하는 소프트웨어입니다. 가장 널리 쓰이는 운영 체제로는 윈도, 맥 OS, 리눅스, 안드로이드가 있습니다.

웹

월드와이드웹(www)이라고도 합니다. 웹은 사이트를 구성하는 페이지 전체입니다. 이 페이지들은 html이라고 하는 특수한 언어로 쓰여 있습니다. 우리는 인터넷을 통해 웹에 접속할 수 있습니다.

위키

네티즌이 다 함께 작성하고 개선하고 교정하는 웹 페이지입니다. 위키는 다양한 주제를 다루지만 가장 널리 알려진 것은 온라인 백과사전 위키피디아입니다.

인터넷

전 세계 컴퓨터들이 정보를 주고받는 네트워크입니다. 우리는 인터넷을 통해서 월드와이드웹(www)에 접속하지요.

컴퓨터

프로그래밍을 하고 정보를 처리하는 도구입니다. 태블릿, 스마트폰, 그 밖의 몇 가지 기기도 결국 컴퓨터의 일종입니다.

프로그램

컴퓨터가 수행해야 하는 연산 전체를 가리킵니다. 반드시 컴퓨터가 이해할 수 있는 언어로 쓰이고 해독되어야 합니다.

픽셀
디지털 이미지를 구성하는 가장 작은 단위입니다. 화면상의 이미지를 아주 크게 확대하면 볼 수 있습니다.

해시태그
소셜 네트워크에서 주제 참조를 위해 샵(#) 표시를 붙여서 쓴 단어를 가리킵니다.

QR 코드
흰색 바탕에 검은 사각형과 불규칙한 문양이 들어 있는 코드로 스마트폰으로 찍으면 웹사이트로 연결됩니다.

VPN(가상 사설망 서비스)
서로 떨어져 있는 두 대의 컴퓨터를 연결하는 시스템입니다. 이러한 시스템으로 기업 내 인트라넷에 접속해 재택근무를 할 수도 있고, 넷플릭스 같은 유료 서비스를 이용할 수도 있습니다.

어린이를 위한 디지털 교과서

첫판 1쇄 펴낸날 2023년 9월 12일
2쇄 펴낸날 2024년 5월 27일

지은이 로맹 갈리소
그린이 파스칼 르메트르 **옮긴이** 이세진
펴낸이 박창희
편집 홍다휘 백다혜 **디자인** 배한재
마케팅 박진호 **홍보** 김인진 **회계** 양여진

펴낸곳 (주)라임
출판등록 2013년 8월 8일 제2013-000091호
주소 경기도 파주시 심학산로 10, 우편번호 10881
전화 031) 955-9020, 9021 **팩스** 031) 955-9022
이메일 lime@limebook.co.kr **인스타그램** @lime_pub
홈페이지 www.prunsoop.co.kr **제조국** 대한민국

ⓒ라임, 2023
ISBN 979-11-92411-65-1 (74500)
　　　979-11-85871-25-7 (세트)

* 잘못된 책은 구입하신 서점에서 바꾸어 드립니다.
* KC 마크는 이 제품이 공통안전기준에 적합하였음을 의미합니다.
* 던지거나 떨어뜨려 다치지 않도록 주의하세요.
* 이 책 내용의 전부 또는 일부를 재사용하려면 저작권자와 (주)라임의 동의를 받아야 합니다.

Le Numérique pas bête
Copyrightⓒ Bayard Éditions, France, 2021
Text by Romain Galissot and illustration by Pascal Lemaître.
All Rights Reserved.
Korean Translation Copyrightⓒ Lime Co., Ltd., 2023
Korean translation rights arranged with Bayard Éditions through Orange Agency.

이 책의 한국어판 저작권은 오렌지 에이전시를 통해 Bayard Éditions과 독점 계약한 (주)라임에 있습니다.
저작권법에 의하여 한국 내에서 보호를 받는 저작물이므로 무단 전재와 복제를 금합니다.